KI- und Online Strategien

für moderne Steuerkanzleien

Alexander Hassenpflug

Erste Auflage

ISBN: 978-3-9827302-0-2 Printausgabe
ISBN: 978-3-9827302-1-9 EBook
ISBN: 978-3-9827302-2-6 Hörbuch

Hinweis

Dieses Buch wurde mit größtmöglicher Sorgfalt erstellt. Dabei kam auch Künstliche Intelligenz zum Einsatz. Dennoch kann keine Gewähr für die Fehlerfreiheit der enthaltenen Informationen übernommen werden. Weder der Autor noch der Verlag übernehmen eine Haftung für Schäden, die durch die Anwendung der in diesem Buch enthaltenen Informationen entstehen.

https://hassenpflug.online

https://l1-datenschutz.de

Inhalt

Abkürzungsverzeichnis

AGB	Allgemeine Geschäftsbedingungen (Vertragsgrundlagen eines Unternehmens)
AI	Artificial Intelligence (Künstliche Intelligenz)
ASP	Application Service Provider (Softwareanbieter über Internet)
AVD	Azure Virtual Desktop (Cloudbasierter Windows-Arbeitsplatz)
BDSG	Bundesdatenschutzgesetz (Deutsches Datenschutzgesetz)
BGB	Bürgerliches Gesetzbuch (Zentrales deutsches Zivilrecht)
BI	Business Intelligence (Datenanalyse zur Entscheidungsfindung)
BIOS	Basic Input Output System (Schnittstelle zwischen Hardware und Betriebssystem)
BSI	Bundesamt für Sicherheit in der Informationstechnik (Deutsche T-Sicherheitsbehörde)
BWA	Betriebswirtschaftliche Auswertung (Unternehmenskennzahlen)
CRM	Customer Relationship Management (Kundenverwaltungssystem)
DIVA	Digitaler Verwaltungsakt (Elektronischer Verwaltungsprozess)
DLP	Data-Loss Prevention (Schutz vor Datenverlust)
DMS	Dokumenten-Management-System (Digitale Dokumentenablage)
DNA	Desoxyribonukleinsäure (Träger genetischer Information)
DSFA	Datenschutz-Folgenabschätzung (Risikoanalyse personenbezogener Datenverarbeitung)
DSGVO	Datenschutzgrundverordnung (EU-Datenschutzrecht)

DSK	Datenschutzkonferenz (Gremium der Datenschutzaufsichtsbehörden)
EES	Einfache elektronische Signatur (Grundform digitaler Signaturen)
eIDAS	electronic IDentification, Authentication and trust Services (EU-Verordnung zum Umgang mit elektronischen Signaturen)
ELSTER	Elektronische Steuererklärung (digitale Steuerdatenübermittlung)
ERP	Enterprise Ressource Planning (Unternehmenssteuerungssoftware)
EU	Europäische Union (Politisch-wirtschaftlicher Staatenverbund)
FES	Fortgeschrittene elektronische Signatur (elektronische Signatur mit erhöhter Sicherheit)
IP	Internet Protocol (Adressierung im Internet)
ISDN	Integrated Services Digital Network (Digitales Telefonnetz)
ISO	International Organization for Standardization (Normungsorganisation)
IT	Informationstechnologie (ehem. Elektronische Datenverarbeitung)
KI	Künstliche Intelligenz (Technologie für menschenähnliche Denk- und Lernprozesse)
KVP	Kontinuierlicher Verbesserungsprozess (Optimierungsstrategie)
MFA	Multifaktor Authentifizierung (Anmeldeschutz durch Mehrfachverifikation)
MOSS	Microsoft Office & SharePoint Server (Kollaborationsplattform)
OCR	Optical Character Recognition (Texterkennung aus Bildern)
OPOS	Offene Posten (z. B. Unbezahlte Rechnungen)
PDF	Portable Document Format (Gängiges, meist unveränderbares, Dokumentenformat)
PIN	Personal Identification Number (Persönliche Zahlenkombination)

QES	Qualifizierte elektronische Signatur (elektronische Signatur mit höchster Sicherheitsstufe)
RPA	Robotic Process Automation (Automatisierung repetitiver Aufgaben)
RPO	Recovery-Point Objective (Teil einer Backup-Strategie)
RTO	Recovery-Time Objective (Teil einer Backup-Strategie)
SMS	Short Message Service (Kurznachrichtendienst)
SOC	Security Operations Center (Zentrale Anlaufstelle für IT-Sicherheitsüberwachung)
SQL	Structured Query Language (Datenbanksprache)
TLS	Transport Layer Security (Verschlüsselungstechnologie)
TPM	Trusted Platform Module (Microchip, der grundlegende Sicherheitsfunktionen bereitstellt)
UEFI	Unified Extensible Firmware Interface (Nachfolger des BIOS)
UI	User Interface (Benutzeroberfläche)
USB	Universal Serial Bus (Anschlussstandard für Geräte)
VM	Virtual Machine (Virtueller Computer)
VO	Verordnung (generell verbindliche Rechtsnorm)
VPN	Virtual Private Network (Verschlüsselter Netzwerkzugang)
XML	Extensible Markup Language (Strukturierte Sprache zur Datenauszeichnung)

Über den Autor

Alexander Hassenpflug ist jemand, der nie aufgehört hat, sich weiterzuentwickeln. Als Rechtsanwalt, externer Datenschutzbeauftragter, IT-Administrator mit Fokus auf Microsoft 365 und Azure – und vor allem als Gründer und Geschäftsführer von **hassenpflug.online**, einer der ersten vollständig digitalisierten online Rechts- und Steuerkanzleien in Deutschland.

Was einst als klassische Kanzlei mit vier Standorten in Nordhessen begann, wurde über die Jahre zu einem mutigen Projekt: eine Kanzlei, die Prozesse radikal neu denkt, Technologien konsequent einsetzt – und heute komplett remote arbeitet. Nicht aus Zufall, sondern aus Überzeugung.

Über 20 Jahre Erfahrung in der Rechts- und Steuerberatung haben ihn geprägt – aber es war die Entscheidung, nicht mehr zurück ins Büro zu gehen, die alles veränderte. Im Zuge der Corona-Pandemie wagte er mit seinem Team den Schritt, alte Strukturen hinter sich zu lassen und alles neu zu denken: Zusammenarbeit, Mandatsannahme, Kommunikation, Beratung. Ein kompletter Neuanfang – digital, mutig, menschlich.

Schon früh interessierte sich Alexander nicht nur für Zahlen und Gesetze, sondern auch für Technik, Prozesse und Innovation. Seine Aufenthalte in England und Japan haben seinen Blick auf die Dinge erweitert. Nach dem Referendariat in einer renommierten Wirtschaftsrechtskanzlei in Frankfurt gründete er 2002 seine eigene Kanzlei – mit einem klaren Ziel: Neues möglich machen.

Heute teilt er sein Wissen im Podcast **„KI und Automatisierung in Steuerkanzleien“** und als Autor dieses Buches. Er spricht über effizientere Arbeitsweisen, die Rolle des Steuerberaters im digitalen Zeitalter – und darüber, wie man als Kanzlei nicht nur mithalten, sondern vorangehen kann.

Für sein Engagement wurde seine Kanzlei mehrfach von Wolters Kluwer als **„Digitale Steuerkanzlei“** ausgezeichnet. Als **Head of Digital Transformation** bei der **L1 Datenschutz GmbH** unterstützt er andere Kanzleien dabei, ihren eigenen Weg in die digitale Zukunft zu finden – mit praxisnahen Lösungen, technischer Expertise und einem tiefen Verständnis für die Branche.

Alexander ist zudem gefragter **Referent und Speaker** auf Fachveranstaltungen für Steuerberater. Als **Fachautor** schreibt er regelmäßig zu digitalen und technologischen Themen in der Steuerberatung – unter anderem bei **Tax Tech**, wo er etwa den Beitrag *„Wissensmanagement mit KI“* veröffentlichte (tax-tech.de), sowie beim **NWB Verlag** im Format **taxandbytes**, u. a. mit dem Artikel *„Azure Virtual Desktop in Steuerkanzleien – sicher, flexibel und zukunftsfähig“* (taxandbytes.de).

Über die Plattform **hassenpflug.online** bietet er zudem **Online-Kurse** an, die Kanzleien praxisnah bei ihrer digitalen Transformation unterstützen – etwa zu Themen wie:

- *„Digitale Aufgabensysteme und KI – Effizienzsteigerung in der Steuerkanzlei“*
- *„Grundkurs Microsoft Purview – Datenschutz und Compliance in M365 richtig umsetzen“*

Alexander steht für die Verbindung zweier Welten: Recht und Technik, Steuerberatung und IT. Diese „Dual Expertise“ ist für ihn kein Schlagwort, sondern eine Überzeugung. Und genau diese

Erfahrung möchte er mit diesem Buch weitergeben – an alle, die den Mut haben, ihre Kanzlei neu zu denken und bereit sind, die Chancen der digitalen Transformation zu ergreifen.

„Ich habe meine Kanzlei nicht nur digitalisiert – ich habe sie neu gedacht. Vom Keller in die Cloud zu gehen, war mehr als ein technischer Schritt. Es war der Aufbruch in eine neue Haltung: neugierig, mutig, beweglich.“

– Alexander Hassenpflug –

1 Vorwort

Die Idee zu diesem Buch ist nicht im Elfenbeinturm entstanden, sondern aus der Praxis – aus zahlreichen Gesprächen mit Steuerberaterinnen und Steuerberatern, Mitarbeitenden und IT-Spezialisten. Immer wieder wurde mir dabei bewusst: Die eine Welt versteht die andere oft nicht. Lösungen, die im Mittelstand oder in der Industrie längst Alltag sind, sind in Steuerkanzleien noch wenig verbreitet. Das wollte ich ändern.

Ein entscheidender Impuls war mein eigener Weg: Nach über 20 Jahren als Rechtsanwalt und Geschäftsführer einer multidisziplinären Kanzlei mit vier Standorten in Nordhessen habe ich mich mitten in der Corona-Pandemie entschieden, einen radikalen Schritt zu gehen. Statt zurück ins Büro zu kehren, haben mein Team und ich unsere gesamte Kanzlei auf remote umgestellt – mit inzwischen über 20 Mitarbeitenden, die vollständig digital und ortsunabhängig arbeiten. Diese Transformation war herausfordernd, aber auch unglaublich lehrreich – und sie hat mich motiviert, meine Erfahrungen weiterzugeben.

Was Sie in diesem Buch erwartet, ist kein technisches Nachschlagewerk, sondern eine praxisorientierte Anleitung: Wie lässt sich Künstliche Intelligenz sinnvoll in den Alltag einer Steuerkanzlei integrieren? Welche Rolle spielen Automatisierung, Cloud-Systeme, Kollaborationsplattformen wie Microsoft 365 – und was bedeutet das konkret für Prozesse, Mitarbeitende und Mandanten?

Sie werden erfahren, wie Sie trotz Fachkräftemangel effizienter arbeiten, wie Sie mit digitalen Werkzeugen Mandantenerwartungen erfüllen und sogar übertreffen können –

und warum es sich lohnt, den Wandel aktiv zu gestalten, statt ihm hinterherzulaufen.

Der Fokus liegt auf Microsoft 365 und Azure, doch das Buch bleibt bewusst offen für andere Werkzeuge. Im Mittelpunkt steht nicht die Technik, sondern der Mensch – und der Mut, alte Wege zu verlassen.

Obwohl das Schreiben eines Buches das Projekt eines Einzelnen zu sein scheint, sieht die Wirklichkeit doch anders aus: Wenn das Buch von Tausenden von Menschen gelesen werden soll, dann braucht man ein ganzes Team.

Ich danke meiner Frau Meryem dafür, dass sie mir den Freiraum gegeben hat, den ich brauchte, um durchzuführen, was ich mir vorgenommen hatte. Als nächstes geht ein riesiges Dankeschön an Carolin Auth, Lara Neumann, Christian Trümper und Florian Frydetzki für all die harte Arbeit und Hingabe, mit der sie hassenpflug.online und die L1 Datenschutz GmbH zu schnell wachsenden Unternehmen im Bereich der Digitalisierung der Steuerberatung machen. Ich danke insbesondere Christian Trümper bei der Unterstützung im Bereich der Data Security und Florian Frydetzki für die mehrmalige Durchsicht, die technische Umsetzung und die Gestaltung des wunderbaren Covers. Ein ganz besonderer Dank gilt auch meiner langjährigen Geschäftspartnerin Carolin Auth, die das gesamte Buchteam koordiniert und das Projekt zu einem erfolgreichem Abschluss gebracht hat.

Ich wünsche Ihnen viel Freude beim Lesen – und vor allem: viele praktische Impulse und neue Perspektiven für Ihre digitale Reise.

Ihr Alexander Hassenpflug

2 Einleitung

2.1 Bedeutung von KI und Automatisierung für Steuerkanzleien

Künstliche Intelligenz (KI) und Automatisierung spielen eine Schlüsselrolle bei der Entwicklung zukunftsfähiger Geschäftsstrategien. Sie sind längst mehr als nur technische Spielereien – sie sind Werkzeuge zur Effizienzsteigerung und zugleich Katalysatoren für Innovation und Wandel. In nahezu allen Branchen verändern diese Technologien bereits heute Strukturen, Prozesse und Arbeitsweisen grundlegend.

Von der Automatisierung einfacher Aufgaben bis hin zur Neugestaltung komplexer Workflows ermöglichen KI-Systeme eine bislang ungeahnte Skalierung und Personalisierung von Dienstleistungen. Im Finanzsektor etwa analysieren KI-Algorithmen Risiken schneller und präziser, ermöglichen Hochfrequenzhandel und schaffen Entscheidungshilfen, die weit über menschliche Rechenkapazitäten hinausgehen. In der Medizin sorgen KI-gestützte Diagnosetools für schnellere und zuverlässigere Diagnosen – und damit für bessere Behandlungsergebnisse.

Auch in Steuerkanzleien lassen sich diese Potenziale nutzen. Künstliche Intelligenz und Automatisierung eröffnen neue Möglichkeiten Prozesse effizienter zu gestalten, Ressourcen gezielter einzusetzen und den Beratungsansatz neu zu definieren.

2.2 Chancen, Risiken und Praxisanwendung in Kanzleien

Die Digitalisierung stellt traditionelle Steuerkanzleien vor große Herausforderungen – aber sie bietet ebenso große Chancen. Der Einsatz von KI und Automatisierung kann die Branche tiefgreifend verändern: durch neue Dienstleistungsformen, verbesserte Mandantenkommunikation und eine strategischere Rolle der Kanzlei im unternehmerischen Umfeld.

In einem Bereich, in dem Präzision, Aktualität und Sicherheit zentral sind, stellt die Implementierung intelligenter Technologien eine zukunftsweisende Weichenstellung dar. Automatisierte Systeme übernehmen dabei längst mehr als nur Routineaufgaben. Sie agieren als digitale Assistenten, analysieren große Datenmengen, erkennen Muster und liefern konkrete Handlungsoptionen – etwa zur Optimierung von Steuerstrategien oder zur frühzeitigen Identifikation von Risiken.

Das hat weitreichende Auswirkungen: Steuerberater:innen können sich auf hochwertige Beratung fokussieren, statt Zeit in repetitive Tätigkeiten zu investieren. Die Mandantenzufriedenheit steigt, weil Beratung proaktiver und individueller wird. Gleichzeitig profitieren auch die Mitarbeitenden, deren Arbeit abwechslungsreicher, anspruchsvoller und sinnerfüllter wird.

Die Integration von KI und Automatisierung in der Steuerberatung ist kein Selbstzweck. Sie ist eine Einladung, das eigene Geschäftsmodell neu zu denken – und sich mutig in Richtung Zukunft aufzustellen.

Doch bevor wir in die Praxis einsteigen und konkrete Technologien und Anwendungen betrachten, lohnt sich ein ehrlicher Blick auf die Realität vieler Kanzleien: Warum ist Veränderung überhaupt notwendig? Was treibt den Wandel an – und welche Herausforderungen machen ein Umdenken notwendig?

Genau diesen Fragen widmet sich das nächste Kapitel.

3 Der Veränderungsdruck auf Steuerkanzleien

3.1 Wettbewerbsdruck durch Digitalisierung

Traditionelle Steuerkanzleien tun sich oft schwer mit Innovationen. Allerdings ist die Branche stark prozess- und routinegetrieben – ein Umfeld, in dem Automatisierungstechnologien ideale Ansatzpunkte finden. Die rasante Entwicklung in der IT zielt genau auf diese wiederkehrenden Aufgaben ab, die bislang manuell ausgeführt wurden. Unternehmen aus der Steuerberatung – oder angrenzenden Branchen – erkennen dieses Potenzial zunehmend, implementieren moderne Tools und setzen dadurch neue Maßstäbe. Das wirkt sich nicht zuletzt auf das Preisgefüge aus und erhöht den Druck auf klassische Kanzleien. Zusätzlich zur technologischen Herausforderung besteht Fachkräftemangel – eine doppelte Belastung. Selbst wenn es qualifizierte Mitarbeitende gibt, wohnen sie nicht zwangsläufig im näheren Umfeld der Kanzlei.

Wer die digitale Transformation erfolgreich gestalten will, braucht heute mehr als steuerliches oder rechtliches Fachwissen – auch IT-Kompetenz wird zunehmend zur unternehmerischen Kernkompetenz. Genauso wie ein Handwerker seine Werkzeuge kennen und pflegen muss, gilt das auch für Steuerberater. Steuerberatung ist längst auch IT. Natürlich muss nicht jede:r alles selbst umsetzen – externe Beratung ist sinnvoll und wichtig. Aber: Um fundierte, zukunftssichere IT-Entscheidungen treffen zu können, braucht es ein gewisses Maß an Grundverständnis. Nur wer die Basics versteht, kann mitreden, Angebote bewerten und technologische Weichen bewusst stellen. Dazu will dieses Buch einen Beitrag leisten.

3.2 Fachkräftemangel

Der Fachkräftemangel zählt zu den größten Herausforderungen, vor denen Steuerkanzleien heute stehen. Er verschärft den ohnehin hohen Veränderungsdruck, der durch Digitalisierung und Automatisierung entsteht, und stellt viele Kanzleien vor grundlegende Probleme.

Die Auswirkungen sind vielfältig – und gravierend:
Kanzleien können oft nicht wachsen und neue Mandate annehmen, weil schlichtweg das Personal fehlt. Die vorhandenen Mitarbeitenden sind zunehmend überlastet, was zu Stress, sinkender Arbeitsqualität und langfristig auch zu Fluktuation führen kann. Hinzu kommen Schwierigkeiten bei der Nachfolgeplanung – vielerorts fehlt es an geeigneten Nachfolgern für ausscheidende Steuerberaterinnen und Steuerberater.

Die Ursachen sind komplex: Der demografische Wandel, die unzureichende Zahl an qualifizierten Absolvent:innen und nicht zuletzt der technologische Rückstand vieler Kanzleien tragen dazu bei. Vor allem Letzteres wird für junge Fachkräfte zunehmend zum Ausschlusskriterium. Sie suchen moderne Arbeitsumgebungen, digitale Prozesse, mobiles Arbeiten und flexible Modelle – all das bieten viele klassische Kanzleistrukturen bislang nicht. Doch gerade hierin liegt auch eine große Chance: Die Digitalisierung kann helfen, dem Fachkräftemangel gezielt entgegenzuwirken.

Digitale Kanzleistrukturen eröffnen neue Wege der Zusammenarbeit. Durch die Umstellung auf Remote-Arbeit und Online-Prozesse können Kanzleien deutschlandweit nach qualifizierten Mitarbeitenden suchen – und sind nicht länger auf den lokalen Arbeitsmarkt beschränkt. Gleichzeitig ermöglichen Automatisierung und KI mit weniger Personal mehr Aufgaben zu bewältigen – effizienter, fehlerfreier und mit höherer Beratungsqualität.

Digitalisierte Kanzleien wirken auf Bewerber:innen attraktiver, weil sie zeitgemäße Tools, moderne Kommunikationswege und flexible Arbeitsmodelle bieten. Sie stehen nicht nur für Technologie, sondern auch für eine neue Haltung: agil, offen und zukunftsorientiert.

Die Bewältigung des Fachkräftemangels erfordert also weit mehr als Recruiting-Strategien – sie beginnt bei einem grundsätzlichen Umdenken: in Bezug auf Arbeitsweisen, Technologieeinsatz und die Rolle von Führung in einer digitalen Welt. Die Digitalisierung ist dabei nicht das Problem – sondern ein zentraler Teil der Lösung.

3.3 Steigende Mandantenerwartungen

Moderne Technologien und neue Arbeitsweisen verändern nicht nur die internen Abläufe von Steuerkanzleien – sie beeinflussen auch grundlegend, wie Mandanten mit ihren Steuerberatern interagieren und welche Leistungen sie erwarten. Mandanten sind heute digitale Nutzer. Sie erwarten schnelle Reaktionszeiten und eine nahezu ständige Erreichbarkeit – nicht mehr nur per Telefon oder E-Mail, sondern auch über Apps, Chatfunktionen oder Portale. Die Möglichkeit, Belege per Smartphone zu fotografieren und direkt hochzuladen, hat das Verständnis von Bearbeitungszeiten deutlich verändert: Was früher Tage dauerte, soll heute innerhalb von Stunden erledigt sein.

Auch die Einführung von Online-Terminbuchungssystemen hat die Ansprüche an Flexibilität und Eigenständigkeit erhöht. Mandanten wollen ihre Termine selbstständig buchen – unabhängig von Öffnungszeiten und ohne langes Telefonieren.

Mit der Digitalisierung wächst zudem der Wunsch nach mehr Transparenz. Mandanten möchten Einblick in den aktuellen Stand ihrer steuerlichen Angelegenheiten – in Echtzeit und möglichst mobil. Die digitale Bereitstellung von betriebswirtschaftlichen Auswertungen, Steuerbescheiden und Bescheinigungen wird zunehmend zur Selbstverständlichkeit.

Gleichzeitig steigen die Erwartungen an die Beratungsleistung. Die Automatisierung von Routinetätigkeiten schafft Raum für hochwertige, proaktive Beratung – und genau diese erwarten Mandanten heute auch. Steuerberatung soll nicht nur reagieren, sondern vorausdenken: Risiken erkennen, Potenziale aufzeigen und strategisch begleiten.

Ebenso selbstverständlich wird eine reibungslose, vollständig digitale Zusammenarbeit. Mandanten wollen Dokumente elektronisch austauschen, freigeben und signieren – ohne Medienbrüche, Ausdrucke oder Postversand. Und mit zunehmender Digitalisierung wächst auch das Bewusstsein für Sicherheit: Der Schutz sensibler Daten hat für Mandanten oberste Priorität – und sie erwarten, dass ihre Kanzlei technisch wie organisatorisch höchsten Standards genügt.

Die Dynamik ist klar: Digitalisierung, Fachkräftemangel und steigende Mandantenerwartungen verändern die Steuerberatung grundlegend. Doch um sinnvoll auf diesen Wandel reagieren zu können, braucht es ein solides Verständnis der Grundlagen – und ein gemeinsames Vokabular für das, was Digitalisierung in der Steuerberatung wirklich bedeutet.

Im nächsten Kapitel werfen wir daher einen strukturierten Blick auf die zentralen Begriffe, Denkweisen und Werkzeuge, die das Fundament für jede digitale Transformation bilden – unabhängig von Kanzleigröße, Standort oder eingesetzter Software.

4 Grundlagen der Digitalisierung

4.1 Was bedeutet Digitalisierung in der Steuerberatung?

Der Begriff „Digitalisierung" ist schillernd und wird häufig sehr unterschiedlich verwendet. Fragt man Google, so bezeichnet Digitalisierung in der Steuerberatung den Einsatz digitaler Technologien und Prozesse zur Modernisierung und Effizienzsteigerung traditioneller Arbeitsabläufe. Sie umfasst eine Vielzahl an Aspekten: elektronische Datenverarbeitung, automatisierte Buchhaltung, digitale Rechnungsstellung, Datenerfassung sowie die digitale Kommunikation mit Mandanten und Behörden.

Konkret bedeutet Digitalisierung im weiteren Sinne: Steuerunterlagen und Dokumente werden digitalisiert und elektronisch verarbeitet. Wiederkehrende Aufgaben wie Buchführung oder das Erstellen von Rechnungen lassen sich automatisieren. E-Mail, sichere Online-Portale und Videokonferenzen ersetzen den klassischen Briefverkehr oder persönliche Treffen. Über Cloud-Dienste können Steuerberater und Mandanten gemeinsam an Dokumenten arbeiten und Informationen austauschen – was den Workflow deutlich verbessert. KI-gestützte Anwendungen helfen dabei, steuerliche Optimierungspotenziale zu erkennen, komplexe Datenmuster zu analysieren und auf dieser Basis fundierte Beratungsempfehlungen zu geben. Steuererklärungen werden über elektronische Plattformen wie ELSTER direkt an die Finanzämter übermittelt, was Prozesse vereinfacht und beschleunigt.

Diese breite Definition beschreibt den Idealzustand – also das, was technisch möglich ist. Doch es lohnt sich, den Begriff enger zu fassen.

Im engeren Sinne meint Digitalisierung zunächst nur das „Digitalmachen“ analoger Informationen – also Papierdokumente, Telefonate oder mündlich übermittelte Informationen, die in ein elektronisch verarbeitbares Format überführt werden. Dieser Schritt ist die Voraussetzung für Automatisierung und den Einsatz von Künstlicher Intelligenz. Denn jede Form von automatisierter Verarbeitung – egal ob Stammdaten, Buchhaltungszahlen, ein Telefonat oder ein papierhafter Steuerbescheid – setzt voraus, dass die Informationen digital verfügbar sind. Nur digital erfasste Daten sind maschinell analysierbar. Bei E-Rechnungen oder Digitalen-Verwaltungsakt (DIVA)-Importen ist dies bereits gegeben, bei Papierdokumenten oder Sprache hingegen nicht.

Ein zentrales Dilemma stellt sich dabei früh: Will eine Kanzlei digitale Daten von digitalen Mandanten muss sie selbst bereits digital aufgestellt sein. Hat sie vorwiegend analog arbeitende Mandanten, bremsen diese unweigerlich die digitale Transformation. Wie sich dieser Zielkonflikt auflösen lässt, ist eine Frage der strategischen Kanzleiausrichtung – und nicht zuletzt auch der Haltung.

Eines ist aber sicher: Ganz ohne Reibungsverluste wird es nicht gehen – weder intern bei Mitarbeitenden noch extern bei Mandanten. Dieses Buch unternimmt daher den Versuch, die zentralen Elemente einer digitalen Kanzlei praxisnah darzustellen. Die Umsetzung kann schrittweise oder parallel erfolgen – je nach Ausgangssituation und individueller Kanzleistruktur. Wichtig ist: Prozesse sollten nicht nur digitalisiert, sondern auch ganzheitlich gedacht und systematisch miteinander verknüpft werden.

Ein logischer Ausgangspunkt: Wie kommt der digitale Mandant überhaupt an Bord? Wer sich für die Akquise digital affiner Mandanten entscheidet, sollte vorab einige Fragen beantworten können:

- Wie akquiriert man digitale Mandanten?
- Wo spricht man sie an?
- Wie läuft die digitale Zusammenarbeit ab?
- Wie tritt man online professionell auf?
- Wie nutzt man Social Media oder die eigene Website gezielt?
- Wie funktioniert eine digitale Terminvereinbarung?
- Und wie gelingt die Vorqualifikation von Interessenten?

Eines dürfte klar sein: Digitale Mandanten klingeln nicht mehr an der Bürotür. Sie „klingeln“ auf Facebook, Instagram, LinkedIn, TikTok – oder direkt über die Kanzlei-Website. Und sie erwarten, dass ihnen dort auch digital geöffnet wird. Was digitale Mandanten nicht wollen: irgendwo anrufen müssen. Sie möchten ihre Termine am liebsten sofort online buchen – und das gilt nicht nur für Neumandate, sondern auch für bestehende Mandantenbeziehungen.

Natürlich will nicht jede Kanzlei mit jedem Mandanten ins Gespräch kommen. Nicht jeder Interessent passt zur Ausrichtung der Kanzlei. Daher braucht es eine digitale Vorqualifikation – eine erste Filterung, bevor ein Termin überhaupt gebucht wird.

Dabei gibt es unterschiedliche Herangehensweisen, abhängig von der Positionierung der Kanzlei:

- Spezialisierte Kanzleien (z. B. auf Ärzte oder Heilberufe) können auf ihrer Website klar kommunizieren, wer angesprochen wird. Ein einfaches Onlineformular oder ein direkter Buchungslink reicht in vielen Fällen aus.

- Kanzleien mit breiterem Mandatsspektrum sollten auf ein intelligenteres Onboarding setzen, etwa mit einem Live-Chat auf der Website. Anbieter wie LiveChat Inc. oder Superchat bieten einfache Integrationsmöglichkeiten. Alternativ lassen sich Messenger-Dienste (z. B. WhatsApp Business) einbinden – wenn datenschutzrechtliche Fragen geklärt sind.

Hinter dem Chat kann ein realer Mitarbeiter stehen, der erste Informationen abfragt, Termine vergibt oder das Mandat ablehnt. Alternativ kann ein gut konfigurierter Chatbot dieselbe Aufgabe übernehmen.

Wichtig ist in jedem Fall: Der gesamte Onboarding-Prozess muss digital und durchgängig gestaltet sein. Die erfassten Daten müssen automatisch und sicher an eine Entscheidungsstelle übermittelt werden – z. B. über Microsoft Teams oder Customer-Relationship-Management (CRM)-Systeme – und die Terminvergabe sollte möglichst mit einem Klick oder automatisiert erfolgen können.

Die Digitalisierung der Steuerberatung ist heute ein lukrativer, aber auch hart umkämpfter Markt. Zahlreiche Coaches und Berater tummeln sich auf diesem Feld – jedoch ist nicht jeder davon qualifiziert oder vertrauenswürdig. Die Wahl des richtigen Partners für die Digitalisierung der Kanzlei sollte daher mit Sorgfalt getroffen werden. Es gilt, Fehlinvestitionen und Reibungsverluste zu vermeiden.

4.2 Abgrenzung: Digitale Kanzlei vs. Online-Kanzlei

„Digital" und „online" sind Begriffe, die im Alltag oft synonym verwendet werden – dabei beschreiben sie zwei unterschiedliche Konzepte. Nicht jede digitalisierte Kanzlei ist automatisch eine Online-Kanzlei – umgekehrt jedoch schon.

Der entscheidende Unterschied liegt in der Art der Zusammenarbeit:

Eine Online-Kanzlei kommt vollständig ohne physische Präsenz aus. Weder Mandanten noch Mitarbeitende müssen persönlich in der Kanzlei erscheinen. Die gesamte Arbeit findet in virtuellen Räumen statt – gestützt durch digitale Tools wie Video-Meetings, gemeinsame Arbeitsbereiche, Chats, geteilte Aufgabenlisten und Cloudspeicher.

Homeoffice allein macht noch keine Online-Kanzlei aus. Viele digital arbeitende Kanzleien sind nach wie vor auf Präsenzstrukturen ausgelegt – sei es für Mandantentermine, Belegannahme oder interne Abstimmungen. Eine echte Online-Kanzlei dagegen ist von Grund auf so konzipiert, dass alle Beteiligten ortsunabhängig und in Echtzeit zusammenarbeiten können.

Die Arbeitsweise unterscheidet sich dadurch grundlegend von der klassischen Kanzlei. Während früher Türen geschlossen waren und jeder isoliert an seinen Fällen arbeitete, lebt die Online-Kanzlei von Transparenz und direkter Zusammenarbeit. Probleme lassen sich schnell und effizient lösen – oft über einen kurzen Videocall mit geteiltem Bildschirm oder per Chatnachricht mit Live-Support. Niemand muss dem anderen buchstäblich „auf dem Schoß sitzen", um gemeinsam an einer Buchhaltung zu arbeiten.

Moderne Online-Kollaborationstools ermöglichen es, mit wenigen Klicks gemeinsame Arbeitsbereiche zu erstellen, Aufgaben zu verteilen oder Informationen zu posten – ähnlich einer digitalen Pinnwand, auf der man den Mauszeiger der Kollegin oder des Kollegen live verfolgen kann. Virtuelle Räume ersetzen Besprechungszimmer und digitale Aufgabensysteme schaffen Transparenz über Zuständigkeiten, Deadlines und Projektstände.

Notizen sind nicht mehr auf Papier verteilt, sondern sofort auf allen Endgeräten verfügbar – durchsuchbar, sortierbar und strukturiert. Das Suchen nach verlegten Zetteln oder das Durchforsten von E-Mail-Postfächern gehört der Vergangenheit an.

Auch Wissensmanagement funktioniert anders: Fachliche und technische Informationen sind zentral im Intranet abgelegt – in Form von Beiträgen, durchsuchbaren Videos oder internen Schulungsunterlagen, die über eine einfache Stichwortsuche sofort auffindbar und bestenfalls Datenbasis der künstlichen Kanzleiintelligenz sind.

Mitarbeitende sind über PC, Tablet oder Smartphone miteinander verbunden – über Chats, Kanäle und Teams. Fragen können in Echtzeit gestellt und beantwortet werden. Bei Bedarf übernimmt ein Kollege per Bildschirmfreigabe die Steuerung und hilft direkt im laufenden Programm weiter. So entsteht ein interner Live-Support, der in klassischen Kanzleien kaum realisierbar ist.

Die Zusammenarbeit mit Mandanten erfolgt ebenso ausschließlich online:

Jeder Mitarbeitende verfügt über einen digitalen Terminkalender, in dem Mandanten rund um die Uhr verfügbare Zeiten des Sachbearbeiters einsehen und selbstständig Termine buchen können. Das schafft konzentrierte Arbeitszeiten, da spontane Anrufe und Unterbrechungen stark reduziert werden.

Oft ist ein Gespräch aber gar nicht notwendig – denn Mandanten nutzen Apps, über die sie Belege fotografieren, Nachrichten senden und Dokumente erhalten. Auch betriebswirtschaftliche Auswertungen und Steuererklärungen werden digital übermittelt – zur elektronischen Freigabe, ohne Ausdruck oder Unterschrift. Klassische E-Mail-Kommunikation wird dadurch nahezu überflüssig.

In einer Online-Kanzlei verschmelzen Technologie und Kultur. Es geht nicht nur um Tools, sondern um eine neue Haltung: offen, flexibel, kollaborativ. Und genau das macht den Unterschied.

4.3 IT-Kompetenzen als unternehmerische Notwendigkeit

In vielen Gesprächen mit Steuerberaterinnen und Steuerberatern stelle ich immer wieder fest: Die Möglichkeiten, die Microsoft 365 heute bietet, sind in der Branche noch weitgehend unbekannt. Das ist nachvollziehbar. Lange Zeit war M365 eher für große Unternehmen relevant – erst in den letzten drei bis fünf Jahren ist es auch für kleine und mittlere Kanzleien erschwinglich und praktikabel geworden. Noch vor zehn Jahren war etwa der Betrieb eines eigenen Exchange-Servers für viele kleinere Kanzleien undenkbar. Heute lässt sich ein cloudbasierter Exchange-Dienst im Rahmen von Microsoft 365 in wenigen Stunden kostengünstig einrichten.

Wenn es um die Frage geht, welche Tools im Zuge der digitalen Transformation einer Kanzlei zum Einsatz kommen – abseits der Kernprozesse wie der Buchhaltung mit DATEV & Co. – existieren vielfältige Möglichkeiten. Ohne Zweifel gibt es herausragende spezialisierte Anbieter, deren Anwendungen in einzelnen Bereichen besser sind als die von Microsoft. Das ist nicht überraschend: Während bei Microsoft ein neues Feature in ein komplexes Berechtigungs-, Compliance- und Überwachungssystem eingebunden werden muss, können spezialisierte Anbieter mit schlankeren Prozessen schneller und gezielter agieren.

Beispiele dafür gibt es viele:

- Das neue Microsoft-Tool Loop etwa bietet großes Potenzial, ist aber derzeit noch nicht ganz auf dem Niveau von Tools wie Notion.
- Google Sheets erlaubt für bestimmte Automatisierungen eine direktere Schnittstellen-Nutzung als Excel.
- Tools wie ChatGPT oder Perplexity sind in einigen Anwendungsfällen (noch) schneller und flexibler als der Microsoft Copilot.

Trotzdem liegt der Fokus in diesem Buch bewusst auf Microsoft 365. Warum?

Investitionssicherheit, Datenschutz und Skalierbarkeit

Es geht nicht nur um den schnellen Quick-Win, sondern um Zukunftsfähigkeit. Um Datenschutz, Integrationsfähigkeit, das Empowerment von Mitarbeitenden – und um die Frage, wie sich Lösungen unternehmensweit und strukturiert ausrollen lassen ohne dabei (neue) Datensilos zu erzeugen.

In kleinen Kanzleien mag es noch praktikabel sein, auf verschiedene Einzellösungen zu setzen. Diese können punktuell Prozesse optimieren und individuelle Vorteile bringen. Spätestens mit zunehmender Mitarbeiterzahl oder im Hinblick auf eine spätere Kanzleinachfolge oder einen Verkauf rächen sich fragmentierte IT-Strukturen jedoch schnell.

Insellösungen – spezifisch, aber risikobehaftet

Insellösungen bieten den Vorteil hoher Spezialisierung: Sie sind auf bestimmte Fachbereiche oder Aufgaben zugeschnitten, lassen sich einfach skalieren und können innerhalb ihres Einsatzgebiets sehr effizient sein. Doch sie bringen auch erhebliche Nachteile mit sich – insbesondere, wenn es um Datenintegration, Sicherheit und den Einsatz von KI geht:

Insellösungen schaffen getrennte Datenräume. Informationen müssen in mehreren Systemen redundant vorgehalten werden, was zu Inkonsistenzen, Dubletten und erhöhtem Verwaltungsaufwand führt. Abteilungsübergreifender Datenaustausch ist nur mit manuellem Aufwand möglich. Zudem müssen Mitarbeitende sich in unterschiedliche Bedienlogiken einarbeiten – das erhöht Schulungsaufwand und Fehleranfälligkeit. Auch Medienbrüche entstehen: Daten werden mehrfach erfasst oder per Copy & Paste übertragen. Das bremst Arbeitsabläufe, bindet Ressourcen und birgt Risiken für die so wichtige Datenqualität.

Künstliche Intelligenz, Business Intelligence oder Predictive Analytics basieren auf verknüpften, sauberen Daten. In Insellösungen sind diese oft verteilt und schwer zusammenzuführen. Dadurch steigt der Aufwand für Auswertungen erheblich – und die Potenziale neuer Technologien bleiben ungenutzt.

Hohe Gesamtkosten über die Zeit

Was auf den ersten Blick günstig erscheint, entpuppt sich langfristig oft als teuer: Mehrere Systeme bedeuten mehr Aufwand für Wartung, Lizenzen und Support, Schulungen müssen mehrfach durchgeführt werden, die IT-Sicherheit leidet unter der Vielzahl von Einzellösungen und Datenschutzanforderungen – z.□B. zu Aufbewahrungspflichten, Data Loss Prävention (DLP) oder Löschkonzepten – diese sind nur schwer umzusetzen.

Mit dem wachsenden Einsatz von Cloud-Technologien, IoT und KI wird die nahtlose Integration aller Kanzleidaten immer wichtiger. Wer hier auf getrennte Systeme setzt, bremst nicht nur den eigenen Fortschritt, sondern erhöht auch das Risiko, in digitale Sackgassen zu geraten.

Der Plattformansatz: Microsoft 365 als nachhaltige Lösung

Ein integrierter Plattformansatz wie Microsoft 365 bietet entscheidende Vorteile: Alle Anwendungen greifen ineinander, Daten sind zentral und sicher verfügbar, Schnittstellen zu Drittanbietern sind standardisiert, und Mitarbeitende arbeiten in einer vertrauten, einheitlichen Umgebung. M365 ist offen für Erweiterungen, flexibel skalierbar und auf langfristige Nutzung ausgelegt. Es bietet damit nicht nur Effizienz, sondern auch

Sicherheit, Stabilität und Anschlussfähigkeit – alles Eigenschaften, die für eine moderne Kanzleistrategie entscheidend sind.

Steuerkanzleien sollten daher sorgfältig prüfen, ob der kurzfristige Gewinn durch eine Insellösung den langfristigen Nachteil fehlender Integration wirklich aufwiegt. Die Entscheidung für oder gegen eine Plattform wie Microsoft 365 ist letztlich keine IT-Entscheidung – sondern eine unternehmerische.

Fazit: IT-Kompetenz ist heute Führungskompetenz

Die Ausführungen zeigen, dass die Entscheidung für oder gegen bestimmte digitale Werkzeuge keine rein technische ist– sie ist eine strategische. Wer dauerhaft erfolgreich sein will, muss die technologische Infrastruktur seiner Kanzlei genauso verstehen wie die betriebswirtschaftlichen und steuerlichen Prozesse.

Insellösungen können punktuell überzeugen, stoßen aber bei Wachstum, Datenintegration und vor allem bei tief zu integrierendem KI-Einsatz schnell an Grenzen. Sie erhöhen Komplexität, Kosten und Risiken. Ein integrierter Plattformansatz – wie Microsoft 365 – bietet dagegen Stabilität, Sicherheit und Skalierbarkeit. Er ermöglicht eine moderne, effiziente und zukunftssichere Arbeitsweise – und schafft die investitionssichere Grundlage dafür, dass Digitalisierung nicht nur stattfindet, sondern wirkt.

Wer Digitalisierung ernst nimmt, muss auch die IT mitdenken, und wer die richtigen technologischen Werkzeuge auswählt, legt den Grundstein für die digitale Kanzlei. Doch Technik allein reicht nicht aus – sie muss an den richtigen Stellen ansetzen. Bevor automatisiert oder optimiert werden kann, braucht es ein tiefes Verständnis der eigenen Prozesse. Wo entstehen Engpässe?

Welche Abläufe sind unnötig kompliziert? Wo liegen wiederkehrende Tätigkeiten, die digital unterstützt oder sogar ersetzt werden könnten?

Das nächste Kapitel widmet sich daher dem Herzstück jeder erfolgreichen Digitalisierungsstrategie: der strukturierten Prozessanalyse – und dem Einsatz von Prozessmining-Tools, mit denen Kanzleiprozesse erstmals messbar und gezielt gestaltbar werden.

4.4 Prozessanalyse und Prozessmining

Die Prozessanalyse ist ein zentraler Bestandteil der Arbeit in Steuerberatungskanzleien. Sie befasst sich mit der systematischen Untersuchung und Bewertung von Arbeitsprozessen, um Optimierungspotenziale zu identifizieren. Durch die Analyse der Abläufe lassen sich Schwachstellen aufdecken, Engpässe erkennen und Effizienzsteigerungen erzielen. Voraussetzung dafür ist eine strukturierte Herangehensweise und der Einsatz geeigneter Methoden.

In Steuerkanzleien kann die Prozessanalyse dabei helfen, Qualität und Effizienz der täglichen Arbeit spürbar zu verbessern. Moderne Tools wie etwa Prozessmining-Lösungen nutzen Ereignisprotokolle aus IT-Systemen, um tatsächliche Abläufe transparent zu machen. Sie zeigen, wo Prozesse von den angestrebten Standards abweichen, wo sich unnötige Schleifen, Verzögerungen oder Medienbrüche eingeschlichen haben. Diese Erkenntnisse bilden die Grundlage, um Prozesse gezielt zu optimieren, überflüssige Schritte zu eliminieren, die Reihenfolge von Tätigkeiten neu zu ordnen oder gezielt Automatisierung einzuführen. Prozessmining kann zudem helfen, die Einhaltung rechtlicher Vorgaben zu überprüfen und potenzielle Verstöße gegen gesetzliche Anforderungen sichtbar zu machen. Richtig eingesetzt, trägt es entscheidend dazu bei, die Effizienz, Qualität und Compliance von Kanzleiprozessen zu verbessern.

Es gibt unterschiedliche Methoden, um Prozesse in Kanzleien zu analysieren. Häufig beginnt man mit einer klassischen Prozessdokumentation, bei der bestehende Abläufe schriftlich erfasst und in übersichtlicher Form dargestellt werden. Auch grafische Methoden wie das Prozessmapping, bei dem einzelne Schritte visuell abgebildet und analysiert werden, haben sich bewährt. Daneben liefern Interviews mit Mitarbeitenden, direkte Beobachtungen oder Datenanalysen wertvolle Informationen darüber, wie Prozesse tatsächlich ablaufen – jenseits der offiziellen Beschreibung.

Die Vorteile der Prozessanalyse liegen auf der Hand: Sie schafft Klarheit, wo Arbeitsabläufe verbessert, verschlankt oder besser abgestimmt werden können. Zeit- und Kosteneinsparungen sind ebenso möglich wie eine gesteigerte Arbeitsqualität und eine gezieltere Ressourcennutzung. Nicht zuletzt fördert eine gut strukturierte Prozesslandschaft auch die Mitarbeiterzufriedenheit – gerade dann, wenn wiederkehrende, wenig erfüllende Aufgaben automatisiert werden und die Mitarbeitenden sich auf wertschöpfende Tätigkeiten konzentrieren können.

Ein besonders spannender Ansatz zur datenbasierten Analyse ist das sogenannte Prozessmining. Es ermöglicht, aus den in den IT-Systemen ohnehin gespeicherten Protokolldaten konkrete Erkenntnisse über das tatsächliche Prozessverhalten zu gewinnen. Dabei werden Informationen über den Ablauf einzelner Vorgänge extrahiert, zu einem Prozessmodell zusammengefügt und analysiert. Ziel ist es, reale Abläufe sichtbar zu machen und mit definierten Soll-Prozessen abzugleichen. So können etwa

Wartezeiten, Umwege, wiederholte Arbeitsschritte oder nicht dokumentierte Abweichungen erkannt und bewertet werden.

Zu den etablierten Techniken im Prozessmining gehören unter anderem das sogenannte Process Discovery, also die automatische Ableitung des Ist-Prozesses aus den vorhandenen Daten, das Conformance Checking, also der Abgleich von Ist- und Soll-Abläufen, sowie Performanceanalysen zur Bewertung von Durchlaufzeiten oder Engpässen. Für Kanzleien kann dieser datenbasierte Blick auf die Realität der Abläufe ein echter Augenöffner sein – gerade dort, wo man bisher auf subjektive Einschätzungen angewiesen war.

Natürlich gibt es auch Herausforderungen. Nicht immer liegen die benötigten Daten in strukturierter und nutzbarer Form vor. Gerade in Kanzleien, in denen viele Prozesse noch manuell oder außerhalb der zentralen Systeme ablaufen, kann es schwierig sein, die nötigen Informationen zu erfassen. Auch komplexe Prozesse mit vielen Verzweigungen oder individuellen Entscheidungen lassen sich nicht ohne Weiteres automatisiert analysieren. Hinzu kommen berechtigte Fragen zum Datenschutz – insbesondere beim Umgang mit sensiblen Mandantendaten. Und nicht zuletzt ist auch die Integration in bestehende IT-Strukturen sowie die Schulung der Mitarbeitenden eine Hürde, die mitgedacht werden muss.

Trotzdem: Die Möglichkeiten, die Prozessanalyse und insbesondere Prozessmining bieten, sind beachtlich. Wer seine Prozesse kennt, kann gezielt optimieren, automatisieren und gestalten – und legt damit den Grundstein für eine zukunftsfähige, effiziente und digitale Kanzlei.

Sobald Klarheit über die tatsächlichen Abläufe in der Kanzlei besteht, wird schnell erkennbar, an welchen Stellen

Automatisierung sinnvoll und möglich ist. Denn die beste Analyse bleibt ohne Wirkung, wenn aus ihr keine konkreten Veränderungen folgen. Prozesse zu verstehen ist der erste Schritt – sie effizienter zu gestalten, der nächste. Genau darum geht es im folgenden Abschnitt: um den gezielten Einsatz von Automatisierung in der Steuerberatung – und um die Frage, wie Technik dabei helfen kann, Zeit zu sparen, Fehler zu vermeiden und den Fokus wieder stärker auf die eigentliche Beratung zu lenken.

4.5 Prozessautomatisierung

Prozessautomatisierung beschreibt den gezielten Einsatz von Technologien, um manuelle und wiederkehrende Aufgaben in Steuerkanzleien zu automatisieren. Ziel ist es, Effizienz und Genauigkeit zu erhöhen, Fehlerquoten zu senken und Ressourcen gezielter einzusetzen. Dabei können ganze Prozesse oder auch nur einzelne Schritte automatisiert werden – je nach Aufbau und Bedarf der Kanzlei. Häufig wird die Automatisierung mit künstlicher Intelligenz kombiniert, um komplexere Entscheidungen zu ermöglichen und Abläufe noch intelligenter zu gestalten.

Ein wesentlicher Bestandteil der Automatisierung ist der Einsatz von Softwarelösungen, die einfache, strukturierte Tätigkeiten übernehmen – zum Beispiel die Erfassung und Weiterverarbeitung von Daten, das Ausfüllen von Formularen oder das Verschieben von Dokumenten. Diese sogenannten Workflow-Automationen lassen sich entweder mit Hilfe spezialisierter Fachanwendungen oder mit universellen Tools umsetzen. Dabei geht es zunächst darum, wiederkehrende Aufgaben zu identifizieren, diese in Automationsregeln zu überführen und den Ablauf so zu gestalten, dass er überwacht, dokumentiert und bei Bedarf angepasst werden kann.

Prozessautomatisierung bedeutet jedoch nicht zwangsläufig den Einsatz von Künstlicher Intelligenz. Klassische Automationen beruhen meist auf klar definierten Regeln. Erst wenn Mustererkennung, Sprache oder unstrukturierte Daten ins Spiel kommen, wird der Einsatz von KI sinnvoll.

Ein verbreiteter Begriff im Zusammenhang mit Automatisierung ist RPA – Robotic Process Automation. Dabei handelt es sich um Software-Roboter, die das Verhalten von Menschen in digitalen Anwendungen nachahmen, zum Beispiel durch das automatisierte Klicken und Ausfüllen von Formularen. RPA eignet sich vor allem für regelbasierte, strukturierte Aufgaben mit hohem Wiederholungsanteil – etwa bei der Datenübertragung zwischen Systemen. Wichtig ist dabei die Abgrenzung: RPA bezieht sich auf User Interface (UI)-basierte Prozesse („klicken wie ein Mensch“), während Workflow-Engines, wie sie z. B. in Power Automate vorkommen, eher prozessorientiert und systemintegriert arbeiten.

Dem gegenüber steht der Einsatz von Künstlicher Intelligenz (KI). Hier geht es nicht mehr um das regelbasierte Abarbeiten von Anweisungen, sondern um Systeme, die Muster in großen Datenmengen erkennen, daraus lernen und Vorhersagen oder Entscheidungen treffen können. Dazu gehören beispielsweise maschinelles Lernen, Bilderkennung oder Sprachverarbeitung. In der Steuerberatung können KI-gestützte Systeme dabei helfen, Steuerdokumente zu analysieren, steuerliche Risiken zu identifizieren oder Änderungen in der Gesetzeslage automatisiert zu berücksichtigen.

Beide Technologien – RPA und KI – können unabhängig oder kombiniert eingesetzt werden, um Prozesse zu optimieren und menschliche Arbeitskraft gezielt zu entlasten. So lassen sich beispielsweise RPA-Bots konfigurieren, die relevante Daten aus dem Buchhaltungssystem extrahieren, aufbereiten und zur weiteren Verarbeitung bereitstellen. Auch das Generieren standardisierter Steuererklärungen kann automatisiert werden.

Tatsächlich existieren solche Automatisierungsmöglichkeiten bereits heute in vielen Fachanwendungen – oft unter der Oberfläche. Systeme wie Addison bieten mit sogenannten Jobketten bereits Werkzeuge zur Automatisierung von Standardprozessen. Wenn diese konsequent eingerichtet und genutzt werden, lassen sich auch mit bestehenden Anwendungen Effizienzgewinne erzielen – häufig ohne zusätzlichen Softwareeinsatz.

Doch Automatisierung muss nicht ausschließlich über die Anbieter der Kanzleisoftware erfolgen. Es gibt inzwischen leistungsfähige Tools, die direkt mit bestehenden Systemen arbeiten können – darunter Microsoft Power Automate, früher bekannt als Microsoft Flow. Power Automate ist Teil der Microsoft Power Platform und in vielen Microsoft-365-Lizenzen bereits enthalten. Es ermöglicht die Automatisierung von Arbeitsabläufen zwischen unterschiedlichen Anwendungen – auch ohne Programmierkenntnisse. Besonders in Kombination mit dem AI Builder – einer integrierten KI-Komponente – lassen sich intelligente Lösungen erstellen: etwa zur Formularerkennung, zur Vorhersageanalyse oder zur automatisierten Kategorisierung von E-Mails.

Gerade beim E-Mail-Management ergeben sich enorme Effizienzpotenziale. Schon einfache Power-Automate-Flows können die Verarbeitung von Mandantenanfragen, Beleg-Uploads oder Rückfragen strukturieren, weiterleiten und klassifizieren – ohne dass KI im engeren Sinne notwendig wäre. In Verbindung mit Copilot-Funktionen (wie sie in Microsoft 365 zunehmend verfügbar sind) können Arbeitsabläufe nochmals deutlich beschleunigt werden.

Viele Kanzleien setzen ohnehin bereits auf Microsoft-Produkte – sei es für E-Mails, Kalender oder Dokumentenbearbeitung. Umso naheliegender ist es, auch die vorhandenen Automatisierungsmöglichkeiten zu nutzen. Wer ohnehin mit Microsoft 365 arbeitet, hat ein mächtiges Werkzeug bereits im Haus.

Aber auch externe Tools wie N8N, Make oder Zapier bieten praxisnahe, mehr oder weniger einfach einrichtbare Automatisierungsmöglichkeiten – etwa beim Onboarding neuer Mandanten, der Datenübertragung zwischen Tools oder der strukturierten Ablage von Dokumenten. Diese sogenannten Low-Code-Plattformen sind besonders interessant für kleinere Kanzleien, die keine eigene IT-Abteilung unterhalten, stellen allerdings besondere Herausforderungen an den Datenschutz, wenn die Automatisierungen sensible Mandantendaten enthalten.

Im Zusammenspiel mit Prozessanalyse und Prozessmining zeigt sich: Die Automatisierung von Prozessen mithilfe moderner Technologien bietet enormes Potenzial für Steuerberatungskanzleien. Sie macht ineffiziente Abläufe sichtbar, reduziert Fehlerquellen und schafft Freiräume für strategischere und beratungsintensivere Tätigkeiten. Kanzleien, die diese Möglichkeiten gezielt einsetzen, verschaffen sich nicht nur einen Effizienzvorsprung – sie gestalten aktiv ihre Zukunftsfähigkeit.

Nach der Analyse und Automatisierung von Prozessen stellt sich die nächste entscheidende Frage: Mit welchen konkreten Technologien lässt sich der digitale Wandel in der Kanzlei umsetzen? Welche Werkzeuge haben sich bewährt, welche bringen echten Mehrwert – und wie lassen sich diese sinnvoll in die bestehende Infrastruktur integrieren?

Im nächsten Kapitel werfen wir deshalb einen praxisnahen Blick auf die wichtigsten Technologien für die digitale Steuerkanzlei – von Automatisierungstools über Kollaborationsplattformen bis hin zu Cloud-Lösungen und künstlicher Intelligenz. Dabei geht es nicht nur um Funktionen, sondern um Strategien, wie Technik in der Kanzlei wirklich wirken kann.

5 Technologien für die digitale Steuerkanzlei

5.1 Automatisierung vor Künstlicher Intelligenz

Viele Kanzleien verfolgen derzeit das Ziel, Künstliche Intelligenz (KI) einzuführen, um ihre Wettbewerbsfähigkeit zu erhöhen und neue Dienstleistungen zu erschließen. Doch bevor die Potenziale von KI vollständig ausgeschöpft werden können, ist es entscheidend, zunächst grundlegende Prozesse zu automatisieren.

Automatisierung und klar definierte Prozessstrukturen sind insbesondere dann ein unverzichtbarer Grundstein, wenn KI effizient und strukturiert innerhalb von bestehenden Kanzleiprozessen eingesetzt werden soll. Zwar sind Ad-Hoc-Anfragen an KI-Tools, wie beispielsweise Microsoft Copilot, auch ohne vorherige Automatisierung problemlos möglich und können auch Mehrwert schaffen – das volle Potenzial von KI kann so jedoch nicht erschlossen werden. Für Steuerkanzleien, die die wirklichen Vorteile aus KI ziehen wollen, ist es daher wichtig, zuerst ihre Arbeitsabläufe umfassend zu standardisieren und repetitive Aufgaben durch Technologie zu ersetzen. Auf diese Weise werden Effizienz, Qualität sowie Geschwindigkeit deutlich gesteigert, gleichzeitig reduziert sich die Zahl manueller Fehler erheblich.

Besonders wichtig ist hierbei, dass durch Automatisierung eine einheitliche und konsistente Datenbasis geschaffen wird – eine essenzielle Voraussetzung für jedes tiefgreifendere KI-Vorhaben. Denn nur auf Grundlage qualitativ hochwertiger, konsistenter und valider Daten können KI-Modelle sinnvoll und zielführend innerhalb von Prozessen eingesetzt werden. Andernfalls besteht insbesondere die Gefahr fehlerhafter oder inkonsistenter Daten, welche Zuverlässigkeit, Akzeptanz und somit den Erfolg der KI erheblich mindern, indem falsche oder unzuverlässige Ergebnisse produziert werden.

In der Praxis zeigt sich, dass einfache Automatisierungsmaßnahmen sowohl innerhalb von Fachanwendungen (wie z.B. DATEV oder Addison) als auch außerhalb dieser Systeme bereits erhebliche Kosteneinsparungen ermöglichen. Innerhalb der Fachanwendungen können automatisierte Job-Ketten oder Workflows etabliert werden, die etwa die Datenverarbeitung beschleunigen und vereinfachen. Außerhalb der Fachanwendungen bieten Tools wie Microsoft Power Automate und andere Automatisierungstools umfassende Möglichkeiten, administrative Tätigkeiten, wie beispielsweise das Mandanten-Onboarding oder die allgemeine Kommunikation, effizienter zu gestalten.

Automatisierung schafft somit neben einer konsistenten Datenbasis auch wichtige Freiräume, in denen Mitarbeitende sich verstärkt auf wertschöpfende Aufgaben konzentrieren können. Langfristig steigt dadurch nicht nur die Zufriedenheit und

Motivation der Beschäftigten, sondern auch die Innovationskraft der gesamten Kanzlei. Wenn monotone und repetitive Tätigkeiten reduziert werden, bleibt den Mitarbeitenden mehr Raum für kreative und strategische Aufgaben – genau hier setzt anschließend die Nutzung von KI an.

Automatisierung und KI sind miteinander verbundene, aber grundsätzlich unterschiedliche Konzepte. Auch wenn beide Begriffe häufig gemeinsam verwendet werden, handelt es sich um konzeptionell unterschiedliche Ansätze, die in der Praxis jedoch zunehmend miteinander verzahnt sind.

Klassische Automatisierung beruht auf vordefinierten Regeln und klar strukturierten Prozessabläufen. Sie ermöglicht es, standardisierte Tätigkeiten – wie beispielsweise die Übernahme von Bankumsätzen, das Setzen von Buchungsvorschlägen oder die Fristenkontrolle – effizient, reproduzierbar und ohne manuelle Eingriffe durchzuführen. Die zugrunde liegenden Abläufe sind deterministisch und verändern sich nicht, solange die Eingaben gleichbleiben.

Künstliche Intelligenz hingegen verfolgt einen datengetriebenen, adaptiven Ansatz. KI-Systeme analysieren große Datenmengen, erkennen Muster und Zusammenhänge und sind in der Lage, ihr Verhalten durch Lernprozesse kontinuierlich zu optimieren. Zum Einsatz kommen dabei insbesondere Methoden des maschinellen Lernens, etwa zur automatischen Belegerkennung, zur Kategorisierung von Geschäftsvorfällen oder zur Prognose von betriebswirtschaftlichen Entwicklungen. Anders als bei starren Automatisierungen kann KI auch mit unscharfen, unvollständigen oder unstrukturierten Daten umgehen und daraus nutzbare Erkenntnisse ableiten.

In der Praxis erweist sich insbesondere die Kombination beider Technologien als besonders wirkungsvoll – etwa im Rahmen der intelligenten Prozessautomatisierung. Hier werden automatisierte Abläufe durch KI-gestützte Analysen ergänzt, um komplexe Tätigkeiten wie die Prüfung von Eingangsrechnungen, die Mandantenkommunikation oder die Erstellung von Reportings effizienter und gleichzeitig smarter zu gestalten. Steuerkanzleien, die diese Technologien gezielt einsetzen, profitieren nicht nur von höherer Produktivität, sondern auch von einer besseren Skalierbarkeit und gesteigerter Beratungsqualität.

Für Steuerkanzleien ist es daher essenziell, klar zu definieren, in welchen Bereichen einfache Automatisierung ausreichend ist und wo durch gezielten Einsatz von KI zusätzliche Potenziale gehoben werden können. Eine gründliche Prozessanalyse hilft dabei, jene Use Cases zu identifizieren, in denen schnelle Erfolge („Quick Wins") möglich sind. Gleichzeitig ermöglicht diese Analyse eine realistische Einschätzung, welcher Aufwand und welche Voraussetzungen für die Einführung von KI gegeben sein müssen. So entsteht eine zielführende Strategie, die schrittweise von einfacher Automatisierung hin zu anspruchsvollen KI-Anwendungen führt, dabei stets den maximalen Nutzen für die Kanzlei im Blick behält und eine hohe Akzeptanz bei den Mitarbeitenden sicherstellt.

5.2 Potentiale und Grenzen Künstlicher Intelligenz

Künstliche Intelligenz (KI) bietet Steuerkanzleien bedeutende Potenziale, stellt sie jedoch zugleich vor verschiedene Herausforderungen. Um diese Technologien effektiv einzusetzen, ist es wichtig, zunächst ein klares Verständnis verschiedener KI-Arten zu entwickeln. Während es verschiedene Methoden zur Klassifikation von KI-Systemen gibt, beschränken wir uns in diesem Buch auf eine einfache, aber zielführende Einteilung in drei KI-Arten:

Datengetriebene KI

Diese KI-Form konzentriert sich auf die Analyse und Interpretation großer Datenmengen. Ziel und Stärke ist es, fundierte strategische Entscheidungen zu treffen und innovative Dienstleistungen zu entwickeln. Für eine erfolgreiche Implementierung ist eine umfangreiche Datenbasis unerlässlich, die idealerweise durch umfassende Automatisierungsprozesse aufgebaut wurde.

Datengetriebene KI verfügt über erhebliches Potenzial, insbesondere im strategischen Bereich. Sie ermöglicht komplexe Analysen, Vorhersagen und Optimierungen auf Basis großer, strukturierter Datenmengen. Voraussetzung für den effizienten Einsatz datengetriebener KI ist allerdings eine robuste Dateninfrastruktur und qualitativ hochwertige Datenbestände. Kanzleien müssen deshalb zunächst ihre Datenprozesse optimieren und automatisieren, um konsistente und valide Datengrundlagen zu schaffen.

Ein Einstieg in diese Form von KI lässt sich beispielsweise über **Microsoft Fabric** realisieren. Die Plattform kann sämtliche kanzleiinternen und mandantenspezifischen Daten in einer zentralen Umgebung zusammenführen und sie in mehreren Stufen automatisiert aufbereiten – von der Rohdatenerfassung über die Standardisierung bis hin zur Analysefähigkeit. Diese sogenannte Medallion-Architektur (Bronze, Silber, Gold) schafft die Grundlage für verlässliche, strukturierte Datenmodelle, auf deren Basis KI-Anwendungen effizient trainiert und betrieben werden können.

Mit Microsoft Fabric können Kanzleien erste KI-gestützte Analysen durchführen, ohne eigene Entwicklerteams aufzubauen oder große IT-Projekte zu initiieren. Mitarbeitende erhalten etwa automatisch interpretierte Auswertungen zu Liquidität, Kostenentwicklung oder Branchenvergleichen – auch ohne SQL-Kenntnisse. KI-Vorschläge unterstützen bei der Einordnung von Ergebnissen und helfen, Auffälligkeiten in den Daten frühzeitig zu erkennen. Die Datenverarbeitung erfolgt dabei vollständig innerhalb der vertrauten Microsoft-Umgebung, was den Einstieg erleichtert und zugleich hohe Datenschutzstandards sichert.

Ein besonderes Potenzial liegt zudem in der Mandanteninteraktion. So lassen sich basierend auf den (konsolidierten) Daten aus Microsoft Fabric **Self-Service-Portale** für Mandanten entwickeln, in denen diese individuelle Dashboards mit aktuellen Kennzahlen, automatisierten Analysen und Handlungsempfehlungen abrufen können. Die dabei eingesetzten KI-Modelle werten nicht nur Finanzdaten, sondern auch externe Informationen aus – etwa für Benchmark-Vergleiche oder Frühwarnsysteme. Daraus ergeben sich neue Formen der Beratung und zusätzliche Monetarisierungsmöglichkeiten, die über das klassische Leistungsspektrum einer klassischen Steuerkanzlei weit hinausgehen.

Der Aufbau datengetriebener KI-Systeme ist in der Regel ressourcenintensiv und erfordert sowohl erhebliche finanzielle Investitionen als auch spezialisiertes Personal. Häufig müssen neue Organisationseinheiten geschaffen werden, die explizit auf Datenanalyse, Datenmanagement und KI-Strategien fokussiert sind. Diese Einheiten operieren oft unabhängig von klassischen IT-Abteilungen, um effizient auf spezifische Anforderungen reagieren zu können.

Mit Werkzeugen wie **Microsoft Fabric** wird dieser Einstieg jedoch deutlich erleichtert. Die Kombination aus zentraler Datenhaltung, intelligenter Automatisierung und anwenderfreundlichen Visualisierungen reduziert die

Einstiegshürden und ermöglicht es Kanzleien, bereits mit überschaubarem Aufwand erste produktive KI-Anwendungen zu realisieren. Der strategische Mehrwert liegt in der besseren Nutzung bestehender Daten, der Effizienzsteigerung im Arbeitsalltag und der Entwicklung neuer, skalierbarer Leistungsangebote.

Praxisbeispiel für datengetriebene KI:

Eine Steuerkanzlei entwickelte eine KI-Lösung für E-Commerce-Mandanten, um relevante Veränderungen in deren Finanzbuchhaltungsdaten frühzeitig zu erkennen. Die KI analysiert dabei sowohl historische als auch aktuelle Finanzinformationen und bezieht externe Daten, wie Feiertage oder saisonale Effekte, mit ein. Ziel ist es, Anomalien frühzeitig zu erkennen und Maßnahmen einzuleiten, wie beispielsweise rechtzeitige Hinweise auf kritische Lagerbestände.

Solche Anwendungen haben in der Vergangenheit hohe Implementierungskosten verursacht und waren vor allem für kleinere Mandanten oft nicht wirtschaftlich umsetzbar.

Microsoft Fabric bietet einen skalierbaren, modularen Ansatz: Bereits mit einfachen Dashboards, die durch KI-Vorschläge angereichert werden, können Mandanten informiert und intern strategische Entscheidungen vorbereitet werden – ohne die Komplexität maßgeschneiderter KI-Projekte und mit der Steuerkanzlei als „intelligenter Datenlieferant“ - einem zukunftsweisenden Geschäftsmodell.

Arbeitsplatz-KI

Arbeitsplatz-KI unterstützt Kanzleimitarbeitende direkt bei ihren täglichen Aufgaben. Diese Form der KI automatisiert repetitive

Tätigkeiten, liefert relevante Informationen kontextbezogen und ermöglicht es Mitarbeitenden, ihre Zeit auf anspruchsvollere Aufgaben zu verwenden. Arbeitsplatz-KI zeichnet sich besonders durch ihre unkomplizierte Integration und schnellen Nutzen aus.

Die Arbeitsplatz-KI lässt sich vergleichsweise einfach integrieren und entfaltet ihren Nutzen unmittelbar im Kanzleialltag. Besonders Tools wie Microsoft 365 Copilot erleichtern Kanzleimitarbeitenden alltägliche Tätigkeiten enorm. So werden beispielsweise E-Mail-Kommunikation, Mandantenanschreiben und andere repetitive Tätigkeiten deutlich beschleunigt. Neben der Zeitersparnis profitieren Mitarbeitende von einer spürbaren Arbeitsentlastung, wodurch Kapazitäten für anspruchsvollere Tätigkeiten frei werden.

Ein zusätzlicher Vorteil besteht darin, dass Arbeitsplatz-KI wertvolle Daten erzeugt, welche im Anschluss von datengetriebenen KI-Anwendungen ausgewertet und weiterverarbeitet werden können. Die von der Arbeitsplatz-KI generierten Informationen, etwa transkribierte Telefonate oder automatisierte To-do-Listen, liefern eine hochwertige und standardisierte Datenbasis. Diese Synergie ermöglicht Kanzleien, die Potenziale beider KI-Arten optimal auszuschöpfen und einen durchgängigen Mehrwert aus der Technologie zu generieren.

Arbeitsplatz-KI lässt sich vergleichsweise schnell, einfach und kostengünstig etablieren. Besonderes Augenmerk erfordert hier allerdings zum einen der Datenschutz, wenn sensible Mandateninformationen verarbeitet werden sollen, zum anderen droht hier ein neues Datensilo und gefährliche „Schatten-IT", weil die Hürden eher niedrig sind. Hier sollten Kanzleien flankierende Verfahren einführen, um gefährliche Verhaltensweisen der Mitarbeitenden am Arbeitsplatz zu verhindern.

Praxisbeispiel für Arbeitsplatz-KI:

Eine Steuerkanzlei nutzt Microsoft Teams-Telefonie mit integriertem Microsoft Copilot. Die Gespräche mit Mandanten werden automatisch aufgezeichnet, transkribiert und zusammengefasst. Daraus generiert Copilot automatisch eine strukturierte To-do-Liste, die unmittelbar in der digitalen Mandantenakte abgelegt wird. Neben der direkten Zeitersparnis ermöglichen diese automatisierten Vorgänge eine systematische Datenerfassung, die für weiterführende datengetriebene Analysen, etwa zur Erkennung von Beratungsmustern oder zur Optimierung interner Prozesse, genutzt werden können.

Baukasten-KI:

Baukasten-KI-Plattformen bieten Kanzleien die Möglichkeit, eigene maßgeschneiderte KI-Anwendungen ohne tiefgreifende Programmierkenntnisse zu erstellen. Diese KI-Form nutzt hauptsächlich Low-Code- oder No-Code-Ansätze, was eine schnelle Anpassung an spezifische Anforderungen erlaubt und so eine hohe Flexibilität bietet.

Die Baukasten-KI bietet Kanzleien die Möglichkeit, schnell und agil auf spezifische Herausforderungen zu reagieren. Mittels flexibler Low-Code- oder No-Code-Plattformen können Mitarbeitende individuelle KI-Anwendungen entwickeln, die spezifische Bedürfnisse gezielt adressieren. Dies erfordert zwar initial grundlegendes technisches Verständnis, reduziert langfristig jedoch die Abhängigkeit von externen IT-Dienstleistern.

Praxisbeispiel für Baukasten-KI:

Eine Kanzlei setzt die Microsoft Power Platform ein, um eine KI-basierte Kommunikationslösung für Mandantenanfragen zu entwickeln. Diese Lösung beantwortet automatisch häufig gestellte Fragen und kategorisiert komplexere Anliegen für die Weiterleitung an zuständige Sachbearbeitende. Dies führt zu einer erheblichen Reduzierung des Aufwands für Routineanfragen, verbessert gleichzeitig die Reaktionsgeschwindigkeit und erhöht die Zufriedenheit der Mandanten.

Die dargestellten KI-Arten bieten Steuerkanzleien vielfältige Möglichkeiten zur Effizienzsteigerung und strategischen Weiterentwicklung. Datengetriebene KI ermöglicht tiefgehende Analysen und strategische Entscheidungen, erfordert jedoch vergleichsweise hohe Investitionen und komplexere Infrastruktur. Arbeitsplatz-KI bietet schnelle operative Verbesserungen und schafft bei richtiger Implementierung wertvolle Datenbestände für weitere Analysen, während Baukasten-KI flexible Anpassungen ohne tiefe technische Expertise erlaubt. Grenzen ergeben sich insbesondere hinsichtlich der erforderlichen Ressourcen, technischer Expertise und der Qualität vorhandener Daten. Ein integrativer und abgestimmter Einsatz aller KI-Arten verspricht jedoch maximalen Mehrwert und nachhaltige Wettbewerbsvorteile für Kanzleien.

Steuerkanzleien, die es schaffen, die verschiedenen KI-Formen in einer abgestimmten Strategie zu integrieren, werden nachhaltig ihre Effizienz steigern und gleichzeitig in der Lage sein, auf zukünftige Anforderungen schnell und flexibel zu reagieren. Dabei gilt es, stets die Balance zwischen Aufwand, Nutzen und vorhandenen Ressourcen im Blick zu behalten.

5.3 Erfolgsfaktoren für Automatisierung und KI

Damit der Übergang von einfachen Automatisierungsmaßnahmen hin zum gezielten Einsatz von Künstlicher Intelligenz (KI) erfolgreich gelingt, müssen Steuerkanzleien eine Reihe wesentlicher Erfolgsfaktoren beachten und spezifische Voraussetzungen erfüllen.

Eine der zentralen Grundlagen ist eine leistungsfähige, skalierbare und moderne technische Infrastruktur. Hier sind insbesondere cloud-basierte IT-Landschaften vielversprechend, da diese die notwendige Flexibilität, Skalierbarkeit und Aktualität bieten, die sowohl für Automatisierung als auch für komplexere KI-Anwendungen erforderlich sind. Die IT-Infrastruktur muss kontinuierlich den neuesten Anforderungen angepasst und regelmäßig aktualisiert werden, um Engpässe und Inkompatibilitäten zu vermeiden.

Vor der Einführung von Automatisierungs- und KI-Technologien ist, sofern diese strategisch und strukturell genutzt werden sollen, eine umfassende Prozessanalyse zwingend erforderlich. Dabei sollten Kanzleien sämtliche Arbeitsabläufe kritisch hinterfragen, um repetitive Tätigkeiten eindeutig zu identifizieren und standardisierte digitale Prozessstrukturen zu etablieren. Die Prozessanalyse ermöglicht zudem, Schwachstellen und Optimierungspotenziale in den bestehenden Abläufen aufzudecken. Erst durch eine sorgfältige Vorbereitung und klare Strukturierung der Prozesse kann sichergestellt werden, dass Automatisierungen und KI-Lösungen ihre volle Wirkung entfalten und nachhaltige Effizienzgewinne erzielen.

Die Qualität der Datenverwaltung ist ein weiterer entscheidender Faktor für den erfolgreichen Einsatz von KI. Kanzleien müssen sicherstellen, dass ihre Daten sauber, aktuell, gut strukturiert und nicht in Datensilos vorliegen. Die Durchführung regelmäßiger Datenanalysen und die Implementierung von Maßnahmen zur kontinuierlichen Sicherstellung und Verbesserung der Datenqualität sind dabei wichtig. Nur mit qualitativ hochwertigen, validen und konsistenten Daten lassen sich präzise, verlässliche und aussagekräftige KI-Ergebnisse erzielen. Kanzleien sollten daher in ein professionelles Datenmanagement investieren, um langfristig und optimal von den Vorteilen der KI profitieren zu können.

Ein weiterer kritischer Erfolgsfaktor ist das Change-Management innerhalb der Kanzlei. Die Einführung neuer Technologien erfordert eine strategisch durchdachte Planung sowie klare und transparente Kommunikation. Mitarbeitende sollten frühzeitig und aktiv in den Veränderungsprozess einbezogen werden, um Vorbehalte abzubauen und die Akzeptanz der neuen Lösungen zu fördern. Hierfür sind gezielte Schulungs- und Weiterbildungsmaßnahmen notwendig, die Mitarbeitenden dabei helfen, die neuen Technologien effektiv und souverän zu nutzen. Nur wenn alle Mitarbeitenden die Vorteile der Automatisierung und KI erkennen und die damit verbundenen Chancen verstehen, können die technologischen Neuerungen erfolgreich und nachhaltig implementiert werden. Dies erfordert möglicherweise Investitionen in ein modernes KI-gestütztes Wissensmanagement mit digitalen Medien und Lernpfaden im kanzleieigenen Intranet, beispielsweise mit Microsoft SharePoint und Microsoft Stream.

Neben den technischen und organisatorischen Voraussetzungen müssen Kanzleien auch klare Regelungen für den Umgang mit KI und die Einhaltung von Datenschutz- und Sicherheitsstandards etablieren. Es empfiehlt sich, spezifische Richtlinien und Leitlinien zu entwickeln, die die Verwendung und den Zugriff auf KI-Technologien regeln und somit Risiken in den Bereichen Datenschutz und Datensicherheit minimieren. Ein klares Regelwerk unterstützt nicht nur die Compliance, sondern fördert auch das Vertrauen in KI-basierte Anwendungen – sowohl intern bei den Mitarbeitenden als auch extern bei Mandanten.

Abschließend ist es wichtig, dass Kanzleien den Unterschied zwischen Automatisierung und Künstlicher Intelligenz klar erkennen und verstehen. Beide Technologien bieten unterschiedliche Vorteile und haben spezifische Anforderungen. Die genaue Kenntnis dieser Unterschiede hilft Kanzleien dabei, die jeweils passende Technologie gezielt auszuwählen und optimal einzusetzen. Insbesondere bei der Identifikation von „Quick Wins" – schnellen, einfach umzusetzenden Erfolgspotenzialen – zeigt sich deutlich, welche Prozesse durch einfache regelbasierte Automatisierungen effizient umgesetzt werden können, ohne dass komplexe und kostenintensive KI-Lösungen notwendig sind. Gleichzeitig wird klar, welche anspruchsvolleren Anwendungsfälle eine strategische Entscheidung zugunsten der Künstlichen Intelligenz bedürfen.

Durch eine sorgfältige Analyse, systematische Vorbereitung und gezielte Umsetzung der hier genannten Erfolgsfaktoren stellen Kanzleien sicher, dass der Einsatz von Automatisierung und Künstlicher Intelligenz nachhaltig erfolgreich wird und langfristig signifikante Effizienzsteigerungen, Qualitätsverbesserungen und Wettbewerbsvorteile erzielt.

5.4 Cloud-Lösungen (z.B. SharePoint, Exchange Online)

Cloud-Technologien, insbesondere Software-as-a-Service-Lösungen (SaaS) wie Microsoft 365 (M365), SharePoint und Exchange Online, bieten Steuerkanzleien vielfältige Vorteile auf dem Weg zur digitalen Kanzlei. Der Einsatz cloudbasierter Lösungen ermöglicht eine hohe Skalierbarkeit, Flexibilität und Kosteneffizienz, da keine großen Anfangsinvestitionen für Server und Hardware notwendig sind. Durch das flexible Abrechnungsmodell von SaaS werden laufende Kosten transparent und kalkulierbar gehalten, während Updates, Wartungen und Backups automatisiert durch den Cloud-Anbieter durchgeführt werden. Somit entfallen administrative Tätigkeiten, und die IT-

Ressourcen der Kanzlei können sich auf strategische Projekte konzentrieren.

Ein weiterer zentraler Vorteil von Cloud-Lösungen liegt in der deutlichen Steigerung der Produktivität innerhalb der Kanzlei. Durch die Nutzung von M365-Anwendungen wie z.B. Word, Excel und PowerPoint sowie dem Einsatz von Exchange Online und SharePoint Online haben Mitarbeitende jederzeit und von überall Zugriff auf relevante Dokumente und Informationen. Dies reduziert zeitaufwändige Kommunikationswege und minimiert Fehler, welche z. B. durch parallele oder veraltete Dokumentversionen entstehen. Die Cloud-Technologie ermöglicht es den Kanzleien zudem, ihre IT-Ressourcen flexibel an sich verändernde Geschäftsanforderungen anzupassen und jederzeit auf aktuelle technologische Entwicklungen zu reagieren.

Insbesondere SharePoint Online bietet dabei eine zentrale Plattform zur strukturierten Verwaltung und effizienten Ablage sämtlicher digitaler Dokumente. Durch leistungsfähige Suchfunktionen, Versionierung und automatisierte Workflows werden Arbeitsprozesse beschleunigt und die Transparenz innerhalb der Kanzlei erhöht. Exchange Online stellt ergänzend eine sichere, zuverlässige und flexible E-Mail-Lösung zur Verfügung, die umfangreiche Sicherheitsmechanismen beinhaltet, um potenzielle Risiken wie Phishing und Malware wirkungsvoll abzuwehren.

Die Integration von Cloud-Technologien bietet zudem erhebliche Vorteile im Bereich Security und Compliance. Für Steuerkanzleien, die regelmäßig mit sensiblen Mandantendaten arbeiten, sind Sicherheit und Datenschutz zentrale Aspekte. Cloud-Anbieter wie Microsoft bieten hier umfassende Sicherheitsfeatures wie Multi-Faktor-Authentifizierung (MFA), Conditional Access und automatisierte Sicherheitsupdates. Zudem werden die Daten in professionellen, nach höchsten Sicherheitsstandards zertifizierten Rechenzentren gespeichert und verarbeitet. Hierbei ist zu erwähnen, dass bei korrekter Konfiguration Daten aus der Europäischen Union auch ausschließlich innerhalb der Europäischen Union verarbeitet werden – dies gilt sowohl für „klassische Anwendungen", wie auch für KI-gestützte Tools und Prozesse. Das Compliance-Tool Microsoft Purview stellt Funktionen zu Data Loss Prevention (DLP), eDiscovery, Aufbewahrungsrichtlinien und vielem mehr bereit. Diese Tools helfen Kanzleien dabei, regulatorische Anforderungen zuverlässig zu erfüllen und sensible Informationen effektiv zu schützen.

Eine weitere Stärke cloudbasierter Lösungen liegt in ihrer Integrationsfähigkeit in KI- und Workflow-Lösungen. Insbesondere die Kombination mit Microsoft Power Automate, Power Apps oder Azure AI ermöglicht Steuerkanzleien, komplexe Arbeitsabläufe durch intelligente Automatisierung zu optimieren. Beispielsweise können Prozesse wie Freigabe-Workflows oder Datenanalysen automatisch und präzise durchgeführt werden. Ebenso bieten Cloud-Plattformen durch ihre offenen Schnittstellen vielfältige Möglichkeiten, individuelle und branchenspezifische Anwendungen schnell und unkompliziert in die Kanzleistrukturen zu integrieren.

Durch die Integration von KI-Technologien wie Microsoft Copilot oder Azure OpenAI können zusätzlich Produktivitätssteigerungen erzielt werden. KI-basierte Anwendungen können die im M365 Ökosystem vorhandenen Dokumente automatisch analysieren, kategorisieren oder ergänzende Informationen liefern. Intelligente Zusammenfassungen oder Handlungsempfehlungen unterstützen Mitarbeitende dabei, schneller fundierte Entscheidungen zu treffen und effizienter zu arbeiten.

Um die Potenziale der Cloud umfassend zu erschließen, sollten Kanzleien die Einführung dieser Technologien strategisch planen. Eine detaillierte Analyse der aktuellen Prozesse und Bedürfnisse ist entscheidend, um zielgerichtet die passenden Cloud-Lösungen auszuwählen und zu implementieren. Eine langfristige Planung, die auch künftige technologische und organisatorische Anforderungen berücksichtigt, gewährleistet maximale Flexibilität und Skalierbarkeit der IT-Infrastruktur.

Bei der Einführung cloudbasierter Lösungen ist es notwendig, die Mitarbeitenden frühzeitig und gezielt einzubinden. Transparente Kommunikation, begleitet von regelmäßigen Schulungen und Weiterbildungsangeboten, stellt sicher, dass die Akzeptanz der neuen Technologien hoch ist und deren Möglichkeiten vollständig ausgeschöpft werden. Gleichzeitig sollte besonderes Augenmerk auf Sicherheitsschulungen gelegt werden, um potenzielle Sicherheitsrisiken durch den falschen Umgang mit Cloud-Diensten zu minimieren.

Während Cloud-Lösungen eine leistungsfähige Basis für optimierte Prozesse und Datenmanagement schaffen, sollten Kanzleien beachten, dass spezifische Kommunikations- und Kollaborationstools wie Microsoft Teams eigenständige Potenziale besitzen und daher im folgenden Kapitel vertieft behandelt werden. Cloud-Technologien bilden jedoch die technologische Grundlage, auf deren Basis weitergehende Kommunikations- und Kollaborationslösungen effizient integriert werden können.

Im nächsten Kapitel werden wir daher Kommunikations- und Kollaborationstools ausführlich betrachteten, die über einfache Datenspeicherung und Dokumentenverwaltung hinausgehen. Wir werden sehen, wie spezialisierte Lösungen die interne Zusammenarbeit fördern, die Kommunikation innerhalb der

Kanzlei verbessern und den täglichen Arbeitsalltag durch spezifische Tools weiter optimieren können.

5.5 Kommunikations- und Kollaborationstools

Kommunikations- und Kollaborationstools sind für Steuerkanzleien von zentraler Bedeutung, da sie die interne und externe Zusammenarbeit deutlich erleichtern und effizienter gestalten. Insbesondere Microsoft Teams hat sich hierbei als führende Plattform etabliert, welche zahlreiche Funktionen bietet, die weit über die reine Kommunikation hinausgehen.

Microsoft Teams ermöglicht es Mitarbeitenden, unabhängig von ihrem Standort in Echtzeit miteinander zu kommunizieren. Durch integrierte Chat- und Videofunktionen können Besprechungen und Absprachen unkompliziert, schnell und effizient abgehalten werden. Der Chat ermöglicht eine unmittelbare, informelle Kommunikation, die dazu beiträgt, E-Mail-Aufkommen zu reduzieren und Abstimmungen zu beschleunigen.

Ein besonders hilfreiches Feature in Microsoft Teams ist die Möglichkeit, Meetings aufzuzeichnen und automatisch transkribieren zu lassen. Mit der Integration von Microsoft Copilot lassen sich diese Transkriptionen anschließend automatisch zu übersichtlichen Zusammenfassungen und Aufgabenlisten verarbeiten. So werden wichtige Informationen unmittelbar dokumentiert und notwendige To-dos direkt generiert und den jeweiligen Personen zugewiesen. Dies erhöht nicht nur die Produktivität, sondern reduziert auch die Nachbereitungszeit für Meetings erheblich.

Bei Bedarf bietet Teams Echtzeit-Übersetzungsfunktionen, die insbesondere bei internationalen Mandantenkontakten oder

Kanzleien mit multilingualen Teams von hohem Nutzen sind. Die Möglichkeit, ganze Meetings live zu übersetzen, stellt sicher, dass keine Missverständnisse entstehen und die Zusammenarbeit über sprachliche Barrieren hinweg reibungslos funktioniert.

Eine besondere Stärke von Microsoft Teams liegt in der Integration von Microsoft Copilot mit erweiterten Teams-Funktionen, wodurch zahlreiche Prozesse direkt in der Kommunikationsplattform automatisiert und vereinfacht werden können.

Teams bietet zudem einen zentralen Informationshub, der direkten Zugriff auf weitere Tools, Dokumente und Intranet, beispielsweise Microsoft SharePoint, ermöglicht. Dadurch können Mitarbeitende sämtliche benötigten Informationen und Ressourcen direkt aus Teams heraus abrufen, bearbeiten und verteilen. Auch Automatisierungsworkflows, etwa zur Freigabe oder Genehmigung von Dokumenten, können bequem aus der Teams-Oberfläche heraus angestoßen und verwaltet werden.

Neben Microsoft Teams existieren auch weitere Tools, die ergänzend eingesetzt werden können, wie beispielsweise Zoom oder Cisco WebEx für spezialisierte Video-Konferenzszenarien oder Slack für projektbezogene Kommunikation in bestimmten Kontexten. Wichtig bei der Auswahl der Tools ist stets, dass sie reibungslos mit der bestehenden IT-Infrastruktur integriert werden können und gleichzeitig hohe Sicherheits- und Compliance-Anforderungen erfüllen. Hierbei ist Teams die eindeutig führende Plattform, zumal es gilt die dort entstehenden Daten in KI- und Automatisierungs-prozesse einzubinden ohne neue Datensilos zu schaffen.

Damit der Einsatz von Kommunikations- und Kollaborationstools erfolgreich gelingt, sollten Kanzleien gezielte Schulungen für Mitarbeitende durchführen und vorzugsweise im eigenen Intranet

Lernresourcen und Lernpfade zur Verfügung stellen. So kann gewährleistet werden, dass die vielseitigen Funktionen effektiv genutzt und das volle Potenzial ausgeschöpft werden. Insbesondere die Einbindung von Tools wie Copilot sowie die Einführung von Remote Arbeit sollte sorgfältig vorbereitet werden, um eine maximale Akzeptanz und optimale Nutzung sicherzustellen.

Moderne Kommunikations- und Kollaborationstools bieten Steuerkanzleien umfangreiche Möglichkeiten, interne Prozesse effizienter zu gestalten, die Kommunikation mit Mandanten zu professionalisieren und durch intelligente Automatisierungen Ressourcen gezielt freizusetzen. Durch die richtige Kombination dieser Tools und eine gezielte Schulung der Mitarbeitenden können Kanzleien ihre Produktivität und Servicequalität nachhaltig verbessern.

5.6 Möglichkeiten der Dokumentenerfasung

Um Dokumente in digitalen Prozessen nutzen zu können, müssen diese naturgemäß zunächst in digitaler Form vorliegen. Da bis heute in vielen Steuerkanzleien Papierdokumente eingesetzt werden, kommt der Dokumentenerfassung, dem „Scannen“, eine wichtige Rolle zu. Neben dem klassischen internen Scannen innerhalb einer Kanzlei, bei welchem ein Dokument manuell durch einen Mitarbeitenden gescannt wird, existiert heutzutage auch die Möglichkeit des externen Scannens, entweder durch Dritte oder durch den Mandanten.

Externes Scannen ermöglicht es Unternehmen, das Scannen von Dokumenten an externe Dienstleister auszulagern. Dabei werden analoge Dokumente in digitale Formate umgewandelt, um sie effizienter verarbeiten zu können. Durch die Auslagerung der Scanaufgaben können Unternehmen Ressourcen und Zeit sparen, da sie sich nicht um den eigenen Scanprozess kümmern müssen.

Zudem bieten externe Dienstleister oft spezialisierte Technologien und Expertise, um eine präzise Datenextraktion sicherzustellen. Die extrahierten Daten können anschließend in verschiedenen Anwendungen weiterverarbeitet werden, beispielsweise zur Automatisierung von Geschäftsprozessen oder zur Analyse großer Datensätze. Externes Scannen und Datenextraktion ermöglicht es Unternehmen, ihre digitalen Transformationen effektiv voranzutreiben und von den Vorteilen der Automatisierung und Künstlichen Intelligenz zu profitieren. Zudem setzt das externe Scannen interne Ressourcen frei, sodass sich Mitarbeitende um ihre Kernaufgaben kümmern können.

Mobiles Scannen ist flexibel und effizient. Durch die Verwendung von Smartphones oder Tablets entfällt die Abhängigkeit von speziellen Bürogeräten, was es Mitarbeitenden und Mandanten erlaubt, Dokumente jederzeit und überall schnell zu digitalisieren. Die unmittelbare Verfügbarkeit der gescannten Dokumente in der Cloud ermöglicht eine schnelle Weiterverarbeitung und Zusammenarbeit im Team, wodurch Arbeitsabläufe erheblich beschleunigt werden. Allerdings eignet sich das mobile Scannen lediglich für sporadische Einsätze und Dokumente mit wenigen Seiten. Bei größeren Scanaufträgen oder Massen-Scans sind klassische Ansätze noch immer im Vorteil.

Soll nach dem Scanvorgang ausschließlich das digitale Dokument weiterverwendet werden, handelt es sich um das sogenannte ersetzende Scannen. Ersetzendes Scannen bezieht sich auf die rechtliche Möglichkeit, Papierdokumente nach dem Scannen ausschließlich in elektronischer Form aufbewahren zu können. Das Papierdokument wird in der Regel nicht mehr benötigt und kann vernichtet werden. Diese Methode kann Kanzleien erhebliche Vorteile bieten, da digitale Dokumente effizienter verwaltet werden können und keine Archivschränke mehr für Papierdokumente benötigt werden. Das ersetzende Scannen sollte allerdings den rechtlichen Anforderungen, insbesondere den Grundsätzen ordnungsgemäßer Buchführung in digitaler Form (GoBD), entsprechen.

Die GoBD legen fest, dass elektronische Dokumente bestimmte Anforderungen erfüllen müssen, um als Papier Ersatz gelten zu können. Dazu gehört beispielsweise die Einhaltung der Integrität und Nachvollziehbarkeit der digitalen Dokumente sowie deren sicherer Verwahrung. Diese Regelungen gelten selbstverständlich auch bei der Auslagerung des Scannens an ein externes Unternehmen. Demnach sollte dringend sichergestellt werden, dass sowohl interne wie auch externe Scanvorgänge und -Systeme den rechtlichen Anforderungen, insbesondere der GoBD entsprechen, um eventuelle rechtliche Risiken zu vermeiden. Im Zweifelsfall sollte ein spezialisiertes Beratungsunternehmen herangezogen werden, um die spezifischen Anforderungen der digitalen Datenhaltung in einer Kanzlei zu analysieren und Fallstricke zu vermeiden.

5.7 Dokumentenanalyse mit KI und OCR

Optical Character Recognition (OCR), auf Deutsch: optische Zeichenerkennung, bezeichnet eine Technologie zur automatischen Umwandlung gedruckter oder handschriftlicher Texte in maschinenlesbare Formate. OCR-Technologien wurden bereits vor einigen Jahrzehnten entwickelt und seitdem kontinuierlich verbessert und weiterentwickelt. Während klassische OCR-Verfahren zuverlässig standardisierte Schriftarten erkennen, stoßen sie oft bei Handschriften oder ungewöhnlichen Schriftarten an ihre Grenzen. In den letzten Jahren gewinnen KI-basierte Zeichen- und Texterkennungssysteme zunehmend an Bedeutung. Diese modernen Lösungen basieren auf maschinellem Lernen und neuronalen Netzen, wodurch sie häufig deutlich präzisere Ergebnisse liefern – insbesondere bei der Erkennung von

Handschriften, uneinheitlichen Schriftbildern oder beschädigten Dokumenten. KI-basierte Systeme lernen kontinuierlich aus bereits verarbeiteten Daten und verbessern dadurch stetig ihre Genauigkeit und Erkennungsleistung.

Ein wesentlicher Nutzen von OCR und KI-basierter Texterkennung liegt in der Erstellung textbasierter PDF-Dokumente. Diese unterscheiden sich wesentlich von einfachen, rein bildbasierten PDFs. Im Gegensatz zu bildbasierten PDFs, die lediglich Abbildungen von Dokumenten darstellen und keine Textinformationen beinhalten, bieten textbasierte PDFs zahlreiche Vorteile. Sie sind vollständig durchsuchbar, was die schnelle Auffindbarkeit spezifischer Informationen ermöglicht. Dies erleichtert nicht nur die tägliche Informationsrecherche, sondern spart erheblich Zeit und erhöht die Produktivität in Steuerkanzleien.

Ein weiterer bedeutender Vorteil textbasierter PDFs ist die Möglichkeit der Metadatenextraktion. Durch KI-basierte Verfahren können relevante Informationen wie Rechnungsnummern, Mandantendaten oder Fristen automatisch erkannt und extrahiert werden. Dies bildet eine essenzielle Grundlage für weiterführende automatisierte Prozesse, beispielsweise zur automatischen Klassifizierung und Zuordnung von Dokumenten oder zur Datenweiterverarbeitung in Buchhaltungs- oder Enterprise-Ressource-Planning (ERP)-Systemen. Darüber hinaus ermöglichen textbasierte PDFs eine nahtlose Integration in diverse Automatisierungs- und Kollaborationslösungen. So können die extrahierten Texte direkt für automatische Workflows verwendet werden, etwa zur Generierung von Buchungsvorschlägen, zur automatischen Anlage von Vorgängen oder für intelligente Dokumentenarchivierung. Zusätzlich ermöglicht die Erkennung von Textinhalten und

Extraktion von Metadaten auch erweiterte Funktionen zum Suchen, Filtern und Sortieren von Dokumenten. Insbesondere mit einer leistungsfähigen Plattform zum Dokumentenmanagement wie Microsoft SharePoint lässt sich der Automatisierungsgrad erheblich erhöhen und gleichzeitig der manuelle Bearbeitungsaufwand deutlich reduzieren.

Für die Erstellung textbasierter PDFs mittels OCR oder KI-basierter Texterkennung stehen zahlreiche spezialisierte Tools zur Verfügung. Klassische Lösungen wie Adobe Acrobat oder ABBYY FineReader bieten zuverlässige OCR-Funktionen und zeichnen sich durch hohe Erkennungsgenauigkeit bei standardisierten Dokumenten aus. Moderne, KI-gestützte Lösungen, wie beispielsweise Azure Cognitive Services (Microsoft Syntex) oder Google Cloud Vision, gehen hingegen deutlich über diese Funktionalitäten hinaus und liefern hervorragende Ergebnisse bei komplexeren Anforderungen, wie handschriftlichen Texten oder unklaren Scanbildern.

Insbesondere im mobilen Bereich bieten Anwendungen wie Microsoft Office Lens oder Scanner Pro (für iPhone) unkomplizierte und qualitativ hochwertige Möglichkeiten zur Texterkennung und PDF-Erstellung bereits auf dem mobilen Endgerät. Durch die Nutzung der integrierten Kamera mobiler Endgeräte ermöglichen diese Lösungen eine flexible, standortunabhängige Digitalisierung von Dokumenten und eine sofortige Umwandlung in textbasierte, durchsuchbare PDFs.

OCR und moderne KI-basierte Text- und Zeichenerkennungssysteme bieten deutliche Vorteile gegenüber herkömmlichen, rein bildbasierten Lösungen. Die gesteigerte Genauigkeit bei der Texterkennung, insbesondere durch KI-Verfahren, die Möglichkeit der Metadatenextraktion sowie die tiefe Integration in automatisierte Workflows machen diese Technologien zu unverzichtbaren Bestandteilen effizienter digitaler Arbeitsprozesse in Steuerkanzleien.

5.8 Digitale Dokumente in der Cloud

Die Ablage digitaler Dokumente in der Cloud, insbesondere mittels M365, SharePoint und OneDrive, bietet gegenüber traditionellen On-Premise-Lösungen zahlreiche Vorteile. Cloudlösungen zum Dokumentenmanagement ermöglichen grundsätzlich standortunabhängiges Arbeiten und unterstützen moderne, flexible Arbeitsweisen. Mitarbeitende können Dokumente jederzeit und von überall aus auch auf mobilen Geräten abrufen, ob unterwegs, im Homeoffice oder an verschiedenen Kanzleistandorten.

Im Kontext der Kollaboration bieten Microsoft SharePoint und Microsoft OneDrive unterschiedliche Nutzungsszenarien. SharePoint ist eine gemeinsame Plattform zur Dateiablage und Zusammenarbeit innerhalb von Teams oder der gesamten Kanzlei. Es bietet umfangreiche Funktionen zur Versionskontrolle, Änderungsprotokollierung und zur Echtzeitbearbeitung von Dokumenten durch mehrere Nutzer gleichzeitig. Durch Kommentare und Anmerkungen innerhalb der Dokumente wird die interne Zusammenarbeit zusätzlich verbessert. Ein externes Teilen der Dokumente -beispielsweise mit Mandanten- ist je nach Einstellung in den Richtlinien auch möglich.

OneDrive hingegen ist primär ein persönlicher Cloud-Speicherplatz, in dem Mitarbeitende ihre individuellen Dateien ablegen und verwalten können. Zwar erlaubt OneDrive ebenfalls das interne und externe Teilen von Dateien, die individuelle Nutzung steht jedoch im Vordergrund. Dateien aus OneDrive können bei Bedarf in gemeinsame SharePoint-Bibliotheken übertragen werden, wenn eine intensivere kollaborative Nutzung notwendig ist. Ein weiterer Vorteil der Cloudlösung liegt in der Synchronisierungsfunktion von SharePoint und insbesondere OneDrive. Dateien werden dabei automatisch zwischen Cloud-Speicher und lokalen PCs bidirektional synchronisiert. Bei korrekter Nutzung entfällt somit das Risiko von Datenverlust durch Hardwaredefekte oder Diebstahl nahezu vollständig, da Dokumente stets zentral in der Cloud gesichert sind.

Zusätzlich ermöglichen Cloud-Dienste wie M365 integrierte Aufgabenmanagement-Tools. Hier können Aufgaben Mitarbeitenden zugewiesen und deren Fortschritte nachvollzogen werden, was die Projektsteuerung erleichtert. Auch automatische Erinnerungen und Eskalationsfunktionen sind möglich.

In Bezug auf Compliance, Security und Datenschutz erfüllen Cloud-Anbieter wie Microsoft bei richtiger Konfiguration der Cloud Umgebung (Tenant) aktuelle rechtliche und technische Anforderungen von Steuerkanzleien. Sicherheitsmechanismen wie End-to-End-Verschlüsselung, Zwei-Faktor-Authentifizierung sowie strenge Zugriffsrichtlinien gewährleisten die Vertraulichkeit und Integrität der Daten. Automatische Backups und Disaster-Recovery-Strategien stellen die zuverlässige Wiederherstellung von Daten sicher. Die regelmäßige Aktualisierung der Sicherheitsprotokolle sorgt dafür, dass Kanzleien stets den aktuellen Datenschutz- und Compliance-Standards entsprechen.

Unter technischen Gesichtspunkten bieten Cloud-basierte Ablagesysteme ebenfalls deutliche Vorteile gegenüber herkömmlichen On-Premise Lösungen. Hierzu gehört zum Beispiel die flexible Skalierbarkeit. Während bei On-Premise-Lösungen Serverkapazitäten oft teuer erweitert werden müssen, ermöglichen Cloud-Anbieter unkomplizierte Anpassungen von Speicher- und Rechenkapazitäten nach Bedarf. Dies ist besonders

für Steuerkanzleien wichtig, die schwankende Anforderungen an Datenvolumen und Performance haben. Zudem reduzieren Cloud-Ablagen die Betriebskosten, da keine Investitionen in zusätzliche Hardware oder Wartungspersonal erforderlich sind. Stattdessen bezahlen Kanzleien üblicherweise nutzungsbasiert, was Kosteneffizienz und Planbarkeit erhöht. Cloud-Anbieter übernehmen sämtliche technische Wartungsarbeiten, Updates und Sicherheitschecks, sodass interne IT-Ressourcen strategisch genutzt werden können.
Cloud-Ablagen lassen sich in der Regel mit bereits vorhandener Software wie Buchhaltungsprogrammen, CRM-Systemen oder spezifischen Steuerberatungsanwendungen verbinden. Dies ermöglicht eine zentrale Verarbeitung von Daten aus unterschiedlichen Quellen, erhöht die Effizienz und minimiert Fehler. Auch automatisierte Prozesse und KI-basierte Lösungen lassen sich einfacher integrieren. Diese ermöglichen die automatische Kategorisierung von Dokumenten, die Extraktion relevanter Daten sowie die Identifikation von Mustern. Solche intelligenten Systeme reduzieren manuelle Tätigkeiten und verbessern gleichzeitig die Qualität und Genauigkeit der Arbeit.

Der entscheidende Vorteil von Cloud-Ablagen gegenüber On-Premise-Lösungen ist allerdings die bessere Integrationsmöglichkeit von künstlicher Intelligenz. Microsoft Copilot ist direkt in OneDrive und SharePoint verfügbar und steht für intelligente Dokumentenanalysen direkt mit einem Mausklick für Mitarbeitende bereit. Zwar lassen sich auch On-Premise Ablagen als Datenquellen anbinden, jedoch ist dies oft komplizierter und aufwendiger.

Cloud-Ablagen wie M365, SharePoint und OneDrive bieten eine moderne, effiziente und sichere Möglichkeit, die Dokumentenverwaltung und Zusammenarbeit in Steuerkanzleien zu optimieren.

Die Nutzung cloudbasierter Lösungen stellt somit einen entscheidenden Schritt in Richtung Digitalisierung und Zukunftsfähigkeit dar und verschafft Kanzleien nachhaltige Wettbewerbsvorteile.

5.9 Ausgangsdokumente und elektronische Signatur

Neben dem Dokumenteingang in der Steuerkanzlei sollte auch der Dokumentenausgang digital sein. In den meisten Steuerkanzleien werden bereits keine Print-Dokumente mehr versendet. Auswertungen wie eine BWA, eine OPOS-Liste oder derartige Dokumente erhält der Mandant in der Regel als PDF – entweder „Old School" per E-Mail oder durch Upload in ein Mandantenportal. Auch Kanzleirechnungen können nach der längst überfälligen Gesetzesänderung mittlerweile ohne Unterschrift an den Mandanten übermittelt werden.

Nicht jedes Ausgangsdokument bedarf einer Signatur durch den Berufsträger. Bei bestimmten Dokumenten stellt sich jedoch die Frage, wie die bisher notwendige handschriftliche Unterschrift elektronisch wirksam ersetzt werden kann.

In der Europäischen Union (EU) sind elektronische Signaturen durch die eIDAS-Verordnung (910/2014) geregelt. Zusätzlich gelten in den Mitgliedsstaaten länderspezifische Regelungen, z. B. in Deutschland der § 126 BGB. Grundsätzlich gibt es drei Stufen der elektronischen Signatur mit unterschiedlichen Schutzniveaus:

Die einfache elektronische Signatur (EES) ist die niedrigste Stufe der elektronischen Signaturen und erfordert keine besonderen Sicherheitsmaßnahmen oder Authentifizierungsverfahren. Sie kann in verschiedenen Formen auftreten, wie z.B. einer eingescannten Unterschrift, einer E-Mail-Absenderangabe oder einer Unterschrift auf einem Tablet. Die EES ist rechtlich wirksam, hat jedoch die geringste Beweiskraft und eignet sich daher für Dokumente mit geringem Haftungsrisiko, wie z.B. Kostenvoranschlägen oder Bestellbestätigungen.

Die fortgeschrittene elektronische Signatur (FES) bietet im Vergleich zur EES ein höheres Maß an Sicherheit und Beweiskraft. Sie muss den Unterzeichner eindeutig identifizieren und ist so mit den unterzeichneten Daten verbunden, dass jede nachträgliche Änderung erkennbar ist. Die FES erfordert die Verwendung eines elektronischen Zertifikats und eines individuellen Sicherheitsschlüssels, der unter der alleinigen Kontrolle des Unterzeichners steht. Sie wird häufig in geschäftlichen Kontexten verwendet, wo eine höhere Sicherheit erforderlich ist, aber keine qualifizierte Signatur notwendig ist.

Die qualifizierte elektronische Signatur (QES) ist die höchste Stufe der elektronischen Signaturen und bietet die höchste Sicherheit und Beweiskraft. Sie ist der handschriftlichen Unterschrift rechtlich gleichgestellt und erfüllt alle Anforderungen der fortgeschrittenen elektronischen Signatur, benötigt jedoch zusätzlich ein qualifiziertes Zertifikat, das von einem akkreditierten Vertrauensdiensteanbieter ausgestellt wird. Dies kann über ein externes Portal wie die AusweisApp erfolgen, die eine persönliche Identifizierung ermöglicht. Der Mandant muss sich dabei mit einem Lichtbildausweis identifizieren und eine Zwei-Faktor-Authentifizierung durchlaufen, um die höchste Sicherheit und Beweiskraft zu gewährleisten.

Ein konkretes Anwendungsszenario in der Steuerkanzlei könnte beispielsweise wie folgt aussehen: Im Rahmen eines digitalen Onboarding-Prozesses wird der Mandant einmalig eindeutig identifiziert und erhält anschließend Zugang zu einem geschützten Portal. Innerhalb dieses Portals kann er mit einem Klick Dokumente rechtsverbindlich genehmigen. Dieses Vorgehen erfüllt typischerweise die Anforderungen an eine fortgeschrittene elektronische Signatur (FES), da eine eindeutige Identifikation und alleinige Kontrolle über den Signaturprozess sichergestellt ist. Eine einfache elektronische Signatur (EES) würde hingegen keine vergleichbaren Kontrollmechanismen voraussetzen und daher deutlich geringere Sicherheits- und Identifikationsstandards erfordern.

Insgesamt bieten elektronische Signaturen Kanzleien und Mandanten eine effiziente, schnelle und rechtsverbindliche Alternative zur handschriftlichen Unterschrift und zum klassischen Papierprozess. Bei der Auswahl der geeigneten Signaturform sollten Steuerkanzleien stets den Grad der benötigten Beweiskraft und die damit verbundenen rechtlichen Anforderungen berücksichtigen und erst anhand dieser Anforderungen einen geeigneten Prozess und das richtige Signatur Tool wählen. Der gezielte Einsatz digitaler Signaturen trägt maßgeblich zur Effizienzsteigerung und zur Beschleunigung von Arbeitsprozessen bei und unterstützt gleichzeitig die vollständige digitale Transformation der Kanzlei. Dabei zeigt sich besonders am Beispiel der digitalen Signatur, wie entscheidend die interdisziplinäre Zusammenarbeit für den Erfolg digitaler Transformationsprojekte ist:

Juristisches Fachwissen zur rechtlichen Zulässigkeit und Ausgestaltung der Signatur, technisches Know-how für die Implementierung und IT-Sicherheit sowie prozessuale (Branchen-) Kompetenz zur Integration in bestehende Arbeitsabläufe müssen hier Hand in Hand gehen. Nur wenn alle Aspekte – Recht, Technik und Kanzleiprozesse – gemeinsam betrachtet werden, kann eine Lösung entstehen, die nicht nur rechtskonform und sicher, sondern auch praxistauglich ist und dabei nicht über das notwendige Maß hinausgeht, unnötige Kosten verursacht und Automatisierung verhindert. Die Einführung der E-Signatur ist damit das

Paradebeispiel dafür, dass Digitalisierung in der Steuerberatung kein reines IT-, sondern ein Teamprojekt ist.

5.10 Daten statt Dokumente: Digitalisierung an der Quelle

Dokumente enthalten Informationen, die zum Zeitpunkt ihrer Entstehung in ein bestimmtes Format – meist ein PDF – überführt wurden. In der Folge müssen diese Informationen häufig wieder aus dem Dokument herausgelesen, also extrahiert werden. Dieser Vorgang ist fehleranfällig, aufwendig und unterliegt medienbruchbedingten Prozessrisiken. Ein deutlich effizienterer Weg ist es, die Informationen gar nicht erst in ein starres Dokumentformat zu überführen, sondern sie bereits an der Quelle als strukturierte Daten zu erfassen und weiterzugeben. Diese Denkweise steht exemplarisch für den Paradigmenwechsel in der digitalen Transformation: weg vom Dokument, hin zum Datensatz.

Für Ausgangsrechnungen des Mandanten bedeutet das: Die Informationen in dem Dokument wie Leistung, Zeitraum, Betrag, Steuersatz u.a. – sollten möglichst nicht -ausschließlich- in ein PDF-Dokument „eingeschlossen" werden. Ziel ist es vielmehr, diese Rechnungsinformationen als Datensatz zusätzlich oder alternativ zum PDF zu speichern und zu übermitteln. Nur so können die Daten automatisiert weiterverarbeitet werden – z.□B. in der Buchhaltung, im Controlling oder im Mahnwesen.

Bei Eingangsrechnungen war diese Form der Datenverfügbarkeit in der Vergangenheit kaum gegeben – hier lag dem Steuerberater meist lediglich ein PDF oder gar ein Papierbeleg vor. Mit der Einführung der E-Rechnung ändert sich dies grundlegend. Die E-Rechnung ist kein visuell gestaltetes PDF mit eingebetteter Information, sondern ein Datensatz im Format der Extensible

Markup Language (XML), welcher die wesentlichen Inhalte der Rechnung maschinenlesbar enthält – unabhängig vom menschlichen Layout.

Das bedeutet: Auch Eingangsrechnungen können künftig automatisiert eingelesen, validiert und verbucht werden – ohne dass ein manuelles Erfassen oder Interpretieren der Inhalte notwendig ist. Die Verarbeitung an der Quelle – dort, wo die Daten entstehen – ist damit ein wesentlicher Hebel für Effizienz, Fehlervermeidung und Automatisierung und sollte beim digitalen Mandanten Onboarding eine entscheidende Rolle spielen.

5.11 Digitale Kommunikation: Struktur statt Dauerpingpong

In einer Steuerkanzlei gibt es eine Vielzahl interner und externer Kommunikationskanäle. Die Koordination all dieser Kanäle verursacht erheblichen Zeit- und Kostenaufwand. Die Kommunikation mit Mandanten erfolgt oft über einen bunten Mix: Post, Telefon, E-Mail, WhatsApp (?), Microsoft Teams und andere Tools. Entscheidend ist dabei: Die Information muss effizient und ohne Umwege bei der zuständigen Fachkraft ankommen. In der Praxis zeigt sich schnell ein Spannungsfeld: Der Mandant möchte unkompliziert und schnell kommunizieren. Die Kanzlei hingegen möchte Informationen strukturiert empfangen und in die richtigen Kanäle leiten, um Unterbrechungen und Zeitverluste zu minimieren. Sachbearbeiter brauchen konzentrierte Arbeitsphasen – „kommunikationsfreie Zonen" – um Mandate effizient zu bearbeiten.

Die klassische Lösung, Mandantenrückfragen über das Sekretariat laufen zu lassen, stößt hier schnell an ihre Grenzen. Oft können Anliegen nicht sofort bearbeitet oder weitergeleitet werden, es entstehen Rückrufschleifen, Mailboxnachrichten und endloses Hin und Her – ein ressourcenfressendes Pingpong-Spiel. Die direkte Durchwahl oder persönliche E-Mail ist auch keine Lösung. Abhilfe kann ein Online-Terminbuchungssystem wie z. B. Microsoft Bookings nicht nur bei Neumandanten, sondern auch in laufenden Mandatsverhältnissen schaffen: Mandanten können selbstständig Rückruf- oder Videotermine buchen, die automatisch dem zuständigen Mitarbeiter zugeordnet werden. Das entlastet das Sekretariat spürbar.

Trotz zunehmender Digitalisierung wird in den meisten Kanzleien weiterhin per E-Mail kommuniziert – mal zentral über eine Sammeladresse, mal direkt über persönliche Adressen. Beide Modelle haben deutliche Schwächen. E-Mails müssen aufwendig intern verteilt, korrekt zugeordnet und der richtigen digitalen Akte zugewiesen werden. Oft bleiben Informationen in Postfächern „stecken" und tauchen später nicht in der Aktenhistorie auf – mit entsprechendem Mehraufwand bei Rückfragen oder im Prüfungsfall.

Viele Kanzleisoftwareanbieter bieten inzwischen Portale zur digitalen Mandantenkommunikation an. Nachrichten und Dokumente landen direkt in der digitalen Akte, Funktionen wie der Themenmanager in Addison sorgen für (halbautomatische) Zuordnungen zum Sachbearbeiter. Doch nicht jeder Mandant nutzt diese Systeme, viele schreiben weiterhin E-Mails. So entsteht nicht selten ein doppelter Kommunikationsaufwand – ein neuer Kanal kommt hinzu, der alte wird nicht abgeschafft.

Die Lösung liegt in einer konsequenten Umstellung. Die E-Mail-Kommunikation wird schrittweise eingestellt. Mandanten werden mehrfach darauf hingewiesen, dass die Kommunikation künftig nur noch über das Mandantenportal erfolgen soll. E-Mails werden automatisiert beantwortet – mit einem freundlichen Hinweis auf den neuen Kommunikationsweg. Diese Nachrichten können automatisiert über eine No-Reply-Adresse verschickt werden, um Rückantworten zu vermeiden. Natürlich muss für externe Kommunikationspartner wie Banken oder Krankenkassen eine Ausnahme gelten. Hier können Whitelists, spezielle Postfächer oder Postfächer mit Genehmigungs-funktion eingerichtet werden, um weiterhin den Empfang sicherzustellen.

Im Ergebnis wird ein unstrukturierter Kommunikationskanal beseitigt und durch einen klaren, systemgestützten Prozess ersetzt. In Kombination mit einem digitalen Terminbuchungssystem wird die Kanzlei nicht nur bei Neumandanten spürbar entlastet – bei gleichzeitiger Verbesserung der Reaktionsgeschwindigkeit, Nachvollziehbarkeit und Effizienz. Auch dieses Beispiel zeigt die Vielschichtigkeit des Transformationsprozesses:

Notwendig ist aber auch Tool- und IT-Wissen mit Blick auf technische Machbarkeit, Prozesswissen und Changemanagement bei Mitarbeitenden und Mandanten. Vor allem aber notwendig ist der Blick auf das große Ganze, denn bei konsequenter Umsetzung werden aus unstrukturierten Daten strukturierte Daten. Und diese sind, wie wir bereits erfahren haben, der Treibstoff für künstliche Intelligenz. Welchen Kanzleimanager würde es nicht interessieren, in welchem Verhältnis die Höhe des Kommunikationsaufkommen (Chats) zum Umsatz und Deckungsbeitrag bei jeweiligen Mandanten steht? Bereits heute kann diese Frage von künstlicher Intelligenz beantwortet werden – wenn die Datenbasis vorhanden ist.

5.12 KI-gestützte Telefonie: Vom Anruf zur Datenquelle

Die neueste Entwicklung in der Telefonie ist die Integration von Telefoniefunktionen in Kollaborationsplattformen wie Microsoft

Teams. Diese ermöglichen es, nahezu jedes Endgerät als Telefon zu nutzen und bieten umfassende bekannte Features wie Anrufweiterleitung, Warteschleifen, Voicemail aber auch viele neue Möglichkeiten. So ist z.B. die automatische Verteilung des Anrufaufkommens auf unterschiedliche Sekretariatsmitarbeitende nach Telefonminuten möglich, so dass am Ende des Tages alle Mitarbeitenden des Telefonteams gleich lang telefoniert haben, was erfahrungsgemäß zu einer deutlich höheren Zufriedenheit im Telefonteam führen kann. Als Cloud-basierte Lösung unterstützt Microsoft Teams besonders die moderne, hybride Arbeitsweise und vereinfacht die interne als auch externe Kommunikation erheblich.

Die Digitalisierung hat die Telefonie nicht nur effizienter, sondern auch intelligenter gemacht. Der Einsatz künstlicher Intelligenz verbessert die Sprachqualität, automatisiert einfache Servicevorgänge und ermöglicht erweiterte Analysefunktionen. Anrufe können transkribiert, Stimmungsanalysen durchgeführt oder Inhalte aus Gesprächen mit KI ausgewertet werden. Auf dieser Basis lassen sich personalisierte Interaktionen gestalten, die sowohl die Produktivität steigern als auch die Mandantenzufriedenheit erhöhen. Gesprochene Sprache wird dabei in Echtzeit in Text umgewandelt – die sogenannte Spracherkennung macht Telefongespräche maschinenlesbar. Transkripte lassen sich zur Dokumentation, Nachverfolgung, Aufgabenextraktion, Qualitätssicherung oder Schulung nutzen und können einfach dem Mandanten zur Verfügung gestellt werden. Damit wird – ähnlich wie bei OCR im Kontext von Dokumenten – analog vorliegende Information in digital verarbeitbare Daten überführt. Letztendlich ist auch dies ein Teil der „Verschriftlichung der Organisation", die notwendig ist, um die Datenbasis für automatisierte und KI-basierte Prozesse zu schaffen.

Virtuelle Assistenten oder KI-gestützte Chatbots können zusätzlich eingesetzt werden, um einfache Mandantenanfragen direkt zu beantworten oder gezielt an die zuständigen Ansprechpartner weiterzuleiten. Sekretariatsmitarbeitende lassen sich auf Grundlage der Analyseergebnisse gezielter schulen. Kanzleien können Mandantenbedürfnisse besser verstehen, Probleme frühzeitig erkennen und ihren Service kontinuierlich verbessern.

Die nahtlose Integration in bestehende Workflows und andere Microsoft Programme erlaubt eine gezielte Weiterverarbeitung: Informationen können geteilt, Berichte automatisch erstellt oder Aktionen ausgelöst werden – und das ohne manuelle Dateneingabe.

Auch Audiomitschnitte aus Meetings oder Schulungen lassen sich automatisiert analysieren. Selbst spezifische Keywords oder Formulierungen können KI-gestützt identifiziert werden. Steuerkanzleien können so z. B. sämtliche Mandantengespräche auf bestimmte Inhalte analysieren lassen, um fundierte Entscheidungen zu treffen oder neue Services zu entwickeln.

Ein konkretes Praxisbeispiel aus der Steuerberatung verdeutlicht das Potenzial:

Ein Mandant ruft in der Kanzlei an, um sich nach dem Ergebnis seiner BWA zu erkundigen. Er wird per PIN authentifiziert. Der KI-Assistent – mit Zugriff auf das Dokumenten-Management-System (DMS) und die Mandantendaten (z. B. via Fabric/Structured Query Language, SQL) – erkennt, dass die BWA noch nicht erstellt wurde, und teilt dies dem Mandanten automatisiert mit. Als dieser ungehalten reagiert, wird die Stimmung durch die KI erfasst und bewertet (Sentiment-Analyse). Statt den Anruf wie geplant an den neu eingestellten Sachbearbeiter weiterzuleiten, wird er direkt an eine erfahrene Führungskraft vermittelt, um eine Deeskalation zu ermöglichen.

Dieses Szenario zeigt eindrucksvoll: Durch die Kombination von Sprachverarbeitung, Datenzugriff, automatisierter Prozesssteuerung und künstlicher Intelligenz wird die klassische Telefonie zu einem intelligenten Kommunikationskanal – integriert, lernfähig und serviceorientiert. Die Telefonie der Zukunft ist daher weit mehr als ein Mittel zur Sprachübertragung. Sie wird zum integralen Bestandteil intelligenter Prozesse, zur Datenquelle und zur Plattform für proaktive Mandantenbetreuung. Was heute noch wie eine technische Spielerei wirkt – etwa die automatische Analyse von Stimmung oder Gesprächsinhalten – wird morgen Standard in modernen Kanzleien sein.

Die Verbindung aus Cloud-Telefonie, künstlicher Intelligenz, Transkription und Datenanalyse schafft nicht nur effizientere Abläufe, sondern auch völlig neue Möglichkeiten im Mandantenservice, in der internen Kommunikation und im Qualitätsmanagement. Entscheidend ist, dass diese Systeme nicht isoliert eingeführt werden, sondern Teil einer durchdachten Digitalstrategie sind – mit klaren Zielen, Verantwortlichkeiten und Schnittstellen zur Kanzleisoftware.

Wer frühzeitig auf diese Entwicklungen setzt, profitiert doppelt: durch unmittelbare Effizienzgewinne und durch einen deutlichen Vorsprung in der digitalen Positionierung. Die Zukunft spricht – und hört – digital.

5.13 Automatisierung in der Kanzlei: Workflows, die funktionieren

Automatisierungs- und Workflow-Tools – beide Begriffe werden im Folgenden synonym verwendet – sind zentrale Werkzeuge auf dem Weg der digitalen Transformation von Steuerkanzleien. Sie unterstützen insbesondere bei der effizienten Bearbeitung wiederkehrender und standardisierter Aufgaben und ermöglichen dadurch eine signifikante Beschleunigung der Arbeitsprozesse. Im Kern geht es darum, unterschiedliche Softwarelösungen und Dienste intelligent miteinander zu verknüpfen, um Daten automatisch auszutauschen, Abläufe zu optimieren und Fehlerquellen durch manuelle Eingriffe zu minimieren.

Die Hauptfunktionen solcher Tools liegen in der Standardisierung von Prozessen und der nahtlosen Verknüpfung einzelner Arbeitsschritte. Beispielsweise können eingehende E-Mails automatisch sortiert und archiviert, Mandantendaten zwischen verschiedenen Systemen synchronisiert oder regelmäßig benötigte Berichte automatisiert erstellt und versendet werden. Moderne Workflow-Plattformen gehen darüber hinaus und erlauben komplexe Integrationen zwischen Fachanwendungen, was die Datenkonsistenz und Prozesssicherheit nochmals erheblich verbessert.

Ein entscheidender Entwicklungsschritt liegt in der zunehmenden Integration von KI-Technologien. So lassen sich durch KI-basierte Analysen Inhalte aus Dokumenten automatisch extrahieren, Entscheidungen vorbereiten oder sogar vollständig automatisiert treffen. Relevante Informationen werden erkannt, verarbeitet und in Folgesysteme überführt. Für Steuerkanzleien bedeutet das nicht nur eine neue Stufe der Effizienz, sondern auch eine deutliche Verbesserung der Datenqualität und Prozessgenauigkeit.

Die neueste Generation dieser Plattformen setzt verstärkt auf sogenannte KI-Agenten. Im Gegensatz zu klassischen KI-Anwendungen geben sie nicht nur Analysen oder Vorschläge aus, sondern agieren selbstständig. Sie können E-Mails analysieren, beantworten, automatisch Einträge in Kanzlei- bzw. CRM-Systemen anlegen oder aktualisieren – bis hin zur eigenständigen Terminvereinbarung. Damit verschwimmen zunehmend die

Grenzen zwischen Workflow, Assistenzsystem und echter Prozessintelligenz.

Besonders attraktiv für Steuerkanzleien ist dabei die Möglichkeit, solche Automatisierungen über sogenannte No-Code- oder Low-Code-Plattformen umzusetzen. Diese erlauben es auch technisch weniger versierten Mitarbeitenden, selbstständig Workflows zu modellieren – ohne Programmierkenntnisse. Gleichzeitig bieten viele Lösungen Schnittstellen für erfahrene Entwickler, um bei Bedarf individuelle Anpassungen vorzunehmen. Dadurch bleiben Kanzleien flexibel und können die Tools exakt an ihre Bedürfnisse anpassen.

Ein weiterer Vorteil liegt in der detaillierten Protokollierung sämtlicher automatisierter Abläufe. So kann jederzeit nachvollzogen werden, welche Prozesse wann, wie und von wem angestoßen wurden. Diese revisionssichere Dokumentation schafft Transparenz und unterstützt die Einhaltung von Compliance-Vorgaben – ein wesentlicher Aspekt im regulierten Umfeld der Steuerberatung.

Beispiele für bewährte Automatisierungstools in der Praxis sind:

- Zapier
- Make (ehemals Integromat)
- n8n
- Microsoft Power Automate
- Emma von WIANCO OTT Robotics
- UI Path

Alle diese Lösungen verfügen über vergleichbare Kernfunktionen, unterscheiden sich jedoch hinsichtlich Integrationsmöglichkeiten,

Zielgruppen und technischer Tiefe. Die Auswahl eines geeigneten Tools sollte daher stets individuell und unter Berücksichtigung der bestehenden IT-Landschaft sowie der strategischen Ziele der Kanzlei erfolgen.

6 Microsoft 365 in der Steuerberatung

Zusammenfassend lässt sich festhalten: Automatisierungstools bieten Steuerkanzleien ein enormes Potenzial zur Effizienzsteigerung. Sie reduzieren den Aufwand bei repetitiven Aufgaben, senken Fehlerquoten, sichern die Datenqualität und schaffen Freiräume für höherwertige Tätigkeiten. Dadurch steigern sie nicht nur die Produktivität, sondern auch die Qualität der Beratung und die Attraktivität der Kanzlei – für Mandanten ebenso wie für Mitarbeitende. Die bisherigen Kapitel haben gezeigt, wie umfassend sich Kommunikationswege, Datenverarbeitung und Arbeitsprozesse in der Steuerberatung durch digitale Technologien verändern. Ob automatisierte Mandantenkommunikation, KI-gestützte Telefonie, transkribierte Besprechungen oder intelligente Workflow-Automatisierung – all diese Entwicklungen sind keine Zukunftsvisionen, sondern bereits gelebte Praxis in modernen Kanzleien.

Zugleich wurde deutlich: Digitale Effizienz entsteht nicht durch isolierte Tools, sondern durch die nahtlose Integration von Systemen, Datenflüssen und Prozessen. Genau hier zeigt sich die Stärke eines Anbieters, der alle diese Ebenen zusammenführt – von der Kommunikation über die Datenanalyse bis hin zur Prozessautomatisierung.

Microsoft bietet mit seiner Plattform eine durchgängige Infrastruktur, die all das vereint: Kommunikation mit Teams,

Datenverarbeitung mit Power Platform und Fabric, Automatisierung mit Power Automate, KI-Integration über Copilot – und das alles innerhalb eines sicheren, datenschutzkonformen Ökosystems, das sich durch den oft ohnehin schon vorhandenen Einsatz von Microsoft Produkten in Steuerkanzleien auch für nicht IT-Mitarbeitende einfach erschließt.

Dieses Kapitel widmet sich daher der zentralen Frage: Wie kann Microsoft als Plattformstrategie gezielt in der Steuerberatung eingesetzt werden – nicht nur technisch, sondern strategisch, wirtschaftlich und organisatorisch?

6.1 Technologien und Anwendungen von M365

Microsoft 365 oder M365, früher bekannt als Office 365, ist eine umfassende Suite cloudbasierter Dienste und Anwendungen, die Unternehmen darin unterstützt, ihre Produktivität und Zusammenarbeit erheblich zu verbessern. Ursprünglich als Sammlung von Desktop-Anwendungen wie Word, Excel und PowerPoint konzipiert, hat sich die Plattform über Jahrzehnte hinweg kontinuierlich weiterentwickelt und bietet heute eine Vielzahl von innovativen Tools, die weit über die traditionellen Office-Produkte hinausgehen.

Die historische Entwicklung von Microsoft 365 begann im Jahr 1990 mit der Einführung der ersten Office-Suite. Der entscheidende Schritt in Richtung Cloud erfolgte im Jahr 2011, als Microsoft mit Office 365 eine cloudbasierte Version seiner beliebten Office-Anwendungen und zusätzliche Dienste wie Exchange Online, SharePoint Online und OneDrive for Business einführte. 2020 erfolgte die finale Umbenennung in Microsoft 365, um die mittlerweile deutlich erweiterte Palette an Diensten und Anwendungen besser widerzuspiegeln.

Die Anwendungen von Microsoft 365 lassen sich in zwei Kategorien unterteilen: Tools, welche hauptsächlich von Mitarbeitenden bzw. Endanwendern genutzt werden, und spezialisierte Lösungen für Entwickler, Administratoren und IT-Experten.

Anwendungen für Endanwender

Microsoft 365 stellt Steuerkanzleien eine Reihe leistungsfähiger Werkzeuge bereit, die auf die Bedürfnisse moderner Kanzleistrukturen zugeschnitten sind:

- **Microsoft Word, Excel und PowerPoint** bilden das klassische Office-Trio. Sie ermöglichen das professionelle Erstellen von Texten, Präsentationen und komplexen Tabellenkalkulationen – unverzichtbar im Kanzleialltag.

- **Microsoft Outlook** erleichtert die Verwaltung von E-Mails, Terminen und Kontakten und ist damit essenziell für ein effektives Kanzleimanagement.

- **Microsoft Teams** verbessert die Zusammenarbeit innerhalb und außerhalb der Kanzlei erheblich. Mit Chat, Videokonferenzen, Dateifreigabe und gemeinsamer Dokumentenbearbeitung unterstützt es eine moderne Kommunikationskultur.

- **OneDrive for Business** dient als persönlicher Cloud-Speicher. Dateien können sicher gespeichert, geteilt und synchronisiert werden – ein zentraler Baustein für mobiles

Arbeiten.

- **SharePoint Online** ermöglicht ein zentrales Dokumentenmanagement, die Strukturierung von Inhalten und den Aufbau teamübergreifender Intranets – ideal für die zentrale Wissensorganisation.

- **Microsoft Planner** unterstützt die einfache Aufgabenverteilung innerhalb von Teams und sorgt für transparente Projekt- und Aufgabenverwaltung.

- **Microsoft Lists** bietet strukturierte, anpassbare Listen für interne Prozesse – etwa zur Aufgabenverfolgung, Mandanten-Onboarding oder Fristenkontrolle.

- **Microsoft Bookings** ermöglicht eine einfache Online-Terminvergabe, bei der Mandanten selbstständig Beratungs- oder Rückruftermine buchen können.

- **Microsoft Loop** fördert eine flexible Zusammenarbeit durch dynamische Inhalte, die gleichzeitig in unterschiedlichen Anwendungen genutzt und aktualisiert werden können.

- **Microsoft Copilot** ist ein KI-gestützter Assistent, der bei der Texterstellung, Datenanalyse, Zusammenfassungen und vielen weiteren Tätigkeiten unterstützt – direkt integriert in Word, Excel, Outlook und Teams.

- **Microsoft Forms** erlaubt das schnelle Erstellen von digitalen Formularen und Umfragen – z. B. für Feedback, Mandantenabfragen oder interne Erfassungen.

- **Microsoft Power Automate** ist ein leistungsstarkes Workflow-Tool zur Automatisierung wiederkehrender Aufgaben und zur Verbindung verschiedener Anwendungen innerhalb und außerhalb der Microsoft-Welt.

- **Microsoft Power BI** ermöglicht die visuelle Aufbereitung und Analyse von Mandanten- und Kanzleidaten – etwa zur betriebswirtschaftlichen Auswertung, für interne Dashboards oder zur Mandantenberatung.

- **Microsoft To Do** hilft bei der individuellen Aufgabenverwaltung, priorisiert Arbeitspakete und lässt sich nahtlos in Outlook und Teams integrieren.

- **Microsoft OneNote** ist ein digitales Notizbuch für die strukturierte Erfassung von Besprechungsnotizen, Checklisten, Fachinhalten und persönlichen Arbeitsnotizen – ideal für interne Wissenssammlung und Teamarbeit.

- **Microsoft Whiteboard** bietet ein digitales, interaktives Whiteboard für Mandatsannahme, Workshops, Brainstormings oder Kanzleimeetings – insbesondere in hybriden Teams eine wertvolle Ergänzung zur visuellen Zusammenarbeit.

Diese Anwendungen steigern nicht nur die Produktivität der Mitarbeitenden, sondern ermöglichen eine ortsunabhängige, strukturierte und technologiegestützte Zusammenarbeit – die Grundvoraussetzung für eine moderne, digital aufgestellte Kanzlei.

Spezialisierte Anwendungen und Dienste für individuelle Lösungen

Neben den klassischen Anwendungen für Endanwender stellt Microsoft 365 eine Vielzahl spezialisierter Dienste bereit, mit denen Entwickler, IT-Verantwortliche und digital affine Kanzleimitarbeitende maßgeschneiderte Lösungen für spezifische Anforderungen realisieren können:

Azure AI Studio ist eine Plattform für die Entwicklung KI-gestützter Lösungen, maschinelles Lernen und Bot-Entwicklung. Damit lassen sich intelligente Automatisierungen und datengestützte Entscheidungsprozesse aufbauen – z. B. zur Dokumentenanalyse, für digitale Assistenten oder zur Vorqualifizierung von Mandantenanfragen.

Microsoft Power Platform vereint vier zentrale Werkzeuge:

- **Power BI** zur visuellen Analyse von Kanzleidaten,
- **Power Apps** zum Erstellen eigener Anwendungen ohne Programmierkenntnisse,
- **Power Automate** zur Prozessautomatisierung zwischen verschiedenen Systemen,
- **Power Virtual Agents** zur Erstellung intelligenter Chatbots.

Ergänzt wird die Plattform durch:

- **Power Pages** zum Aufbau datengestützter, externer Websites – etwa für Mandantenportale, digitale Formulare oder (monetarisierbarer) Self-Service-Angebote.

- **Dataverse:** eine zentrale Datenplattform zur strukturierten, sicheren Speicherung und Verwaltung von (Kanzlei-) Daten innerhalb der Power Platform.

- **Microsoft Graph** ist eine universelle Programmier-Schnittstelle, die den Zugriff auf Microsoft 365-Daten erlaubt. Damit können z. B. Kalenderdaten, E-Mails oder Benutzerinformationen in eigene Kanzlei-Apps oder Automatisierungen eingebunden werden.

- **Azure Logic Apps** bieten besonders leistungsfähige Integrationsmöglichkeiten für komplexe und langfristige Prozessketten – etwa mit externen Fachsystemen oder Schnittstellen zu DATEV & Co.
- **Microsoft Purview** stellt Funktionen für Information Governance, Datenschutz und Compliance bereit. Es erkennt, klassifiziert und schützt sensible Daten – z. B. personenbezogene Informationen in E-Mails oder Dokumenten.

- **Microsoft Priva** erweitert diese Möglichkeiten um Datenschutzfunktionen mit Fokus auf individuelle Risiken. Priva analysiert, wie mit personenbezogenen Daten umgegangen wird, erkennt potenzielle Datenschutzverletzungen und unterstützt Kanzleien dabei, datenschutzkonform und verantwortungsvoll zu handeln.

- **Microsoft Fabric** ist Microsofts einheitliche neue Plattform für Datenintegration, Analyse, Visualisierung und KI. Sie verbindet Datenquellen aus verschiedenen Anwendungen über OneLake, stellt mit Power BI leistungsstarke Visualisierungen bereit und erlaubt sogar die automatische Reaktion auf Ereignisse in Echtzeit. Für Steuerkanzleien bedeutet das: konsolidierte Datenhaltung, automatisierte Auswertungen und die

Basis für datengetriebene Kanzleientwicklung – alles innerhalb einer integrierten Plattform.

Diese spezialisierten Dienste ermöglichen es Steuerkanzleien, nicht nur vorhandene Prozesse zu digitalisieren, sondern eine eigene, durchgängige Lösungsarchitektur aufzubauen – datengestützt, sicher und zukunftsfähig. Wer die Möglichkeiten gezielt nutzt, schafft ein technologisches Fundament für Effizienz, Skalierbarkeit und Beratung auf dem nächsten Level.

Diese exemplarische Aufstellung umfasst einige der wichtigsten Applikationen und Tools in Microsoft 365. Eine vollständige Beschreibung aller verfügbaren Anwendungen, Lösungen und Umgebungen würde jedoch den Rahmen dieses Buches sprengen, zumal M365 stetig weiterentwickelt und mit neuen Tools und Funktionen angereichert wird. Die genannten Tools und Umgebungen sind jedoch die technologischen Grundlagen, um technologische Innovationen einzuführen und die IT-Infrastruktur von Kanzleien gezielt weiterzuentwickeln.

Bevor wir uns den Einsatz ausgewählter M365 Tools und Umgebungen näher ansehen, sei jedoch noch einmal an die Vorteile der Cloud Architektur erinnert: Erst der Umstieg von On-Premise-Systemen auf cloudbasierte Lösungen wie Microsoft 365 bietet Steuerkanzleien die Vorteile des Einsatzes der o.g. Tools und Umgebungen. Beim Einsatz von On-Premise-Systemen bleiben viele der vorgestellten Möglichkeiten einer Steuerkanzlei verschlossen.

6.2 M365 Anwendungen und Einsatz in der Steuerkanzlei

Microsoft 365 ist weit mehr als nur eine Sammlung einzelner Tools. Genau darin liegt auch einer der größten Vorteile: Die

Anwendungen greifen ineinander, tauschen Daten untereinander aus und arbeiten innerhalb eines geschlossenen, gut abgesicherten Ökosystems – dem sogenannten Microsoft-Universum (Tenant). Die Künstliche Intelligenz von Microsoft (Copilot) hat in dieser Umgebung sicheren und strukturierten Zugriff auf den gesamten relevanten Datenbestand, ohne dass Inhalte zwischen Anwendungen verschoben oder manuell übertragen werden müssen.

Im Zentrum des M365 Ökosystems steht SharePoint Online. Es ist die Plattform, auf der Inhalte gespeichert, verwaltet und gemeinsam bearbeitet werden – und gleichzeitig der Knotenpunkt, über den sich alle anderen Dienste wie Microsoft Teams, OneDrive, Outlook oder Power Automate miteinander verbinden. SharePoint ermöglicht eine durchgängige Zusammenarbeit, unabhängig davon, in welcher Anwendung gerade gearbeitet wird. Dokumente lassen sich direkt in SharePoint öffnen, bearbeiten, versionieren und freigeben – mit klar geregeltem Zugriff und ohne Dateichaos. Gleichzeitig bietet SharePoint Governance-Funktionen wie Metadatenverwaltung, Workflows, Zugriffssteuerung und Compliance-Überwachung, die besonders für Steuerkanzleien von Bedeutung sind.

Die enge Integration zwischen Microsoft Teams und SharePoint ist eines der besten Beispiele für die Stärke dieser Plattform. Wird in Teams ein neues Team erstellt, erzeugt SharePoint automatisch eine zugehörige (interne) Website im Hintergrund, auf der alle Dateien gespeichert werden. Dadurch sind alle Dokumente sowohl in Teams als auch in SharePoint verfügbar – ohne Dopplungen und ohne manuelle Synchronisation. Die Zusammenarbeit wird dadurch nicht nur einfacher, sondern auch konsistenter.

Auch OneDrive ist nahtlos in diese Struktur eingebunden. Während OneDrive als persönlicher Speicherplatz dient, übernimmt SharePoint die team- und organisationsweite Verwaltung von Dokumenten. Technisch lässt sich das gut mit einem klassischen Laufwerksmodell vergleichen: OneDrive entspricht dem lokalem Laufwerk C:\. SharePoint dem modernen, cloudbasierten Pendant zum Netzlaufwerk W:\ oder Z:\. Durch die Synchronisation der Inhalte auf allen Geräten bleibt die Arbeit mobil, aktuell und sicher – unabhängig vom Arbeitsort.

Die Verbindung von Outlook mit SharePoint erlaubt es zudem, E-Mails und Anhänge direkt in SharePoint abzulegen – inklusive Metadaten, wodurch sich die E-Mails später gezielt suchen, kategorisieren und dokumentieren lassen. Gerade in der steuerlichen Kommunikation mit Mandanten schafft das Ordnung und Nachvollziehbarkeit.

Ein besonders wirkungsvolles Werkzeug im Kontext der Automatisierung ist Power Automate (früher Microsoft Flow). Es ist eng mit SharePoint verzahnt und ermöglicht die Erstellung automatisierter Workflows – etwa zum Kopieren oder Archivieren von Dateien, zum Versenden von Benachrichtigungen oder zur Aktualisierung von Listen und Aufgaben. Auf diese Weise können wiederkehrende manuelle Tätigkeiten reduziert und standardisierte Abläufe geschaffen werden – ein wichtiger Schritt auf dem Weg zur digitalen Kanzlei.

Auch die Zusammenarbeit mit externen Personen, etwa Mandanten oder Kooperationspartnern, ist in SharePoint durch die Integration von Microsoft Entra B2B (ehemals Azure Active Directory B2B) unkompliziert und sicher möglich. Externe Nutzer erhalten dabei über sichere Links Zugriff auf ausgewählte Dateien oder Ordner – auf Wunsch zeitlich begrenzt oder durch Einmalkennungen abgesichert, ohne dass ein Microsoft-Konto erforderlich wäre. So lässt sich auch die Zusammenarbeit über Kanzleigrenzen hinweg sicher und effizient gestalten.

Die gleichzeitige Bearbeitung von Dokumenten durch mehrere Personen funktioniert zuverlässig, intuitiv und mit automatischer Versionierung im Hintergrund. Der Zugriff auf Informationen ist orts- und geräteunabhängig möglich, wodurch echte Flexibilität entsteht. Die Sicherheitsfunktionen sind fein justierbar und ermöglichen eine detailgenaue Steuerung von Zugriffsrechten, die auch den hohen Anforderungen an Datenschutz und Vertraulichkeit im steuerlichen Umfeld gerecht werden.

Darüber hinaus ermöglicht SharePoint die Erstellung moderner Intranet-Seiten, die sich für internes Wissensmanagement, Mandantenkommunikation oder kanzleiweite Informationsverteilung eignen. Auch dynamische Inhalte, wie Schulungsvideos, Formulare oder individuelle Arbeitsbereiche, lassen sich damit einfach umsetzen. In Kombination mit Power BI können sogar Auswertungen, Dashboards oder Mandantendaten visuell aufbereitet und direkt in einen digitalen Arbeitsbereich wie beispielsweise Microsoft Loop integriert werden.

Für moderne Steuerkanzleien ist Microsoft 365 damit keine Einzellösung, sondern ein digitaler Arbeitsplatz, der Zusammenarbeit, Sicherheit, Automatisierung und Informationsmanagement auf einer Plattform vereint – und dadurch die Grundlage für eine skalierbare, zukunftsfähige und wirklich digitale Kanzlei schafft.

6.3 Copilot in der Steuerkanzlei

Mit der Integration von Microsoft Copilot in die Microsoft-365-Welt halten intelligente Assistenzfunktionen auf KI-Basis Einzug in den Büroalltag – auch in Steuerkanzleien. Copilot ist dabei weit mehr als eine klassische Textvervollständigungsfunktion oder ein Chatbot: Es handelt sich um eine leistungsstarke KI-Plattform, die in der Lage ist, komplexe Informationen zu verarbeiten, natürliche

Sprache zu verstehen und kontextbezogene Unterstützung direkt in vertrauten Anwendungen wie Outlook, Word, Excel, Teams oder PowerPoint zu bieten. Für Steuerkanzleien eröffnen sich dadurch neue Möglichkeiten der Effizienzsteigerung, Qualitätssicherung und in der Mandantenkommunikation. Copilot analysiert Dokumente, E-Mails und Datenbanken in Echtzeit, erkennt Zusammenhänge und erstellt daraus automatisiert Inhalte, Zusammenfassungen oder Auswertungen. So lassen sich beispielsweise Mandantenanschreiben, Vorlagen für Stellungnahmen oder Managementreports auf Knopfdruck generieren – stets basierend auf den vorhandenen Kanzleidaten, individuell anpassbar und datenschutzkonform.

Besonders in der Mandantenkommunikation zeigt sich das Potenzial von Copilot: Der Assistent kann bei der Beantwortung von E-Mails kontextbezogene Vorschläge machen, etwa zu steuerlichen Rückfragen oder Fristverlängerungen. Dabei greift er auf frühere Korrespondenz, Termine und Kanzleiunterlagen zu, um möglichst passgenaue und professionelle Formulierungen vorzuschlagen – inklusive Quellenbezug und Änderungsverfolgung. Auch in Excel bringt Copilot eine völlig neue Art der Datenanalyse in die Kanzlei: Statt Formeln mühsam zu erstellen oder Pivot-Tabellen aufzubauen, reicht eine einfache Anfrage in natürlicher Sprache – etwa „Erstelle mir eine Auswertung der Betriebsausgaben 2024 nach Quartalen" – und Copilot generiert automatisch die gewünschte Tabelle mit passenden Diagrammen. Die Mitarbeitenden können sich somit stärker auf die Interpretation der Ergebnisse konzentrieren und sparen Zeit bei der Aufbereitung.

In Microsoft Teams unterstützt Copilot die Besprechungsvorbereitung und -nachbereitung: Automatische Zusammenfassungen, Aufgabenlisten und Entscheidungen aus

Meetings werden direkt im Chat oder Kanal dokumentiert und stehen allen Beteiligten zur Verfügung. Für Steuerkanzleien mit verteilten Teams oder externen Mitarbeitenden bedeutet das eine deutliche Entlastung im Projektmanagement und eine bessere Nachvollziehbarkeit. Auch bei der Erstellung von Fachinhalten, etwa für interne Wissensdatenbanken, Webseiten oder Mandanteninformationen, liefert Copilot auf Basis vorhandener Inhalte strukturierte Textvorschläge, die rechtssicher formuliert, anpassbar und wiederverwendbar sind. Durch die Einbettung in die Microsoft-365-Welt erfolgt die Zusammenarbeit direkt in gewohnten Anwendungen, ohne Medienbrüche oder aufwendige Schnittstellen.

Ein besonderer Vorteil liegt in der individuellen Steuerbarkeit und Governance von Copilot. Die Funktionen können über Microsoft Purview, Entra ID und DLP-Richtlinien granular konfiguriert werden. So wird sichergestellt, dass sensible Daten geschützt bleiben, nur autorisierte Personen auf bestimmte Funktionen zugreifen können und alle Aktivitäten dokumentiert und überprüfbar sind. Für Berufsgeheimnisträger ist dies ein entscheidender Faktor, um KI-Anwendungen im Einklang mit Datenschutz, Vertraulichkeit und rechtlichen Rahmenbedingungen gesetzeskonform nutzen zu können.

In Verbindung mit Microsoft Fabric entfaltet Copilot sein volles Potenzial: Durch den Zugriff auf strukturierte, kanzleiweit zugängliche Datenquellen lassen sich völlig neue Beratungsszenarien realisieren – von der automatisierten Mandantenanalyse bis hin zu intelligenten Handlungsempfehlungen in Echtzeit. Die Kombination aus vernetzter Datenhaltung, leistungsstarker KI und nahtloser Integration in den Arbeitsalltag macht Copilot zu einem strategischen Werkzeug für die digital aufgestellte Steuerkanzlei.

Copilot ist somit nicht nur ein Hilfsmittel zur Produktivitätssteigerung – sondern ein echter Partner im Kanzleialltag, der Wissen kontextbezogen verfügbar macht, Prozesse beschleunigt und dabei hilft, die Qualität der Arbeit auf ein neues Niveau zu heben. Copilot ist durch die Integration in die M365 Umgebung deutlich mehr als ein im Internet verfügbarer GPT, wie ChatGPT oder Perplexity, weil die umständliche und datenschutzrechtlich herausfordernde Anbindung von kanzleieigenen Datenquellen entfällt, die für produktivitätssteigernde Anwendungsfälle unabdingbar ist. So vielseitig und leistungsfähig die Microsoft-365-Plattform auch ist – mit der zunehmenden digitalen Vernetzung steigen auch die Anforderungen an Sicherheit, Datenschutz und regulatorische Kontrolle. Gerade in der Steuerberatung, wo täglich mit sensiblen personenbezogenen und unternehmensbezogenen Daten gearbeitet wird, ist ein fundiertes Verständnis der Schutzmechanismen unerlässlich.

Im nächsten Abschnitt werfen wir daher einen genaueren Blick auf die Sicherheitsarchitektur von Microsoft 365, die Möglichkeiten zur datenschutzkonformen Nutzung und die Werkzeuge, mit denen Steuerkanzleien ihre digitalen Arbeitsräume rechtskonform absichern können.

7 Sicherheit und Datenschutz mit M365

Steuerkanzleien verarbeiten eine Vielzahl hochsensibler Mandantendaten – von personenbezogenen Informationen bis hin zu vertraulichen Finanzdaten und Geschäftsgeheimnissen. Der Schutz dieser Daten genießt höchste Priorität, sowohl aus berufsrechtlichen als auch aus datenschutzrechtlichen Gründen.

Microsoft 365 bietet eine umfassende Sicherheits- und Datenschutzarchitektur, die den besonderen Anforderungen von Berufsgeheimnisträgern gerecht wird. Richtig konfiguriert ermöglicht die Plattform nicht nur die Einhaltung gesetzlicher Vorgaben wie der DSGVO, den GoBD oder dem EU AI Act, sondern unterstützt auch ganz praktisch bei der täglichen Absicherung vertraulicher Informationen.

7.1 Zugriffsmanagement und Identitätskontrolle

Ein zentraler Pfeiler der Datensicherheit in Microsoft 365 ist die präzise Steuerung von Zugriffsrechten: Wer darf wann und von wo auf welche Daten zugreifen? Microsoft nutzt hierfür das Identitäts- und Zugriffsmanagement von Microsoft Entra ID (ehemals Azure Active Directory). Damit lassen sich rollenbasierte Berechtigungen und moderne Authentifizierungsmechanismen effektiv umsetzen. In der Steuerberatung sollte dabei konsequent das Prinzip der minimalen Rechtevergabe gelten: Jeder Mitarbeitende erhält ausschließlich die Berechtigungen, die für seine jeweilige Aufgabe erforderlich sind – nicht mehr und nicht weniger. Microsoft 365 ermöglicht eine fein abgestufte Rollenvergabe: vom globalen Administrator über dienstspezifische Admins (z. B. für Exchange oder SharePoint) bis hin zu rein lesenden Benutzerrollen. So kann z. B. sichergestellt werden, dass in SharePoint abgelegte Mandantendokumente ausschließlich vom zuständigen Team eingesehen und bearbeitet werden, während alle anderen Mitarbeitenden gar keinen Zugriff erhalten. Die Vergabe und Pflege der Berechtigungen erfolgt effizient über Gruppen und kann bei Veränderungen im Team oder in der Aufgabenverteilung schnell angepasst werden. Ein weiterer essenzieller Sicherheitsbaustein ist die standardmäßig integrierte Mehrfaktor-Authentifizierung (MFA). Neben dem klassischen Passwort wird ein zweiter Faktor abgefragt, z. B. ein Einmalcode per Authenticator-App oder SMS. Gerade im sensiblen Umfeld der Steuerberatung mit stark vertraulichen Finanzdaten ist MFA heute unverzichtbar. Sie schützt effektiv vor dem Missbrauch gestohlener Zugangsdaten. Laut Microsoft lassen sich durch aktivierte MFA über 99,9 % aller Kontoangriffe abwehren – ein enormer Sicherheitsgewinn bei vergleichsweise geringem Einrichtungsaufwand. Selbst wenn ein Passwort durch Phishing kompromittiert wurde, bleibt der Zugriff durch den zweiten Faktor verwehrt.

Für noch mehr Kontrolle stehen in Microsoft 365 sogenannte Conditional-Access-Richtlinien zur Verfügung. Damit können differenzierte Zugriffskonditionen definiert werden – etwa, dass ein Login nur von registrierten Geräten, aus bestimmten Ländern oder während definierter Zeitfenster erlaubt ist. Ein Login von einem unbekannten Gerät aus dem Ausland kann so automatisch blockiert oder mit einer zusätzlichen Prüfung versehen werden. Auch externe Benutzerzugriffe lassen sich granular steuern. Mandanten, Kooperationspartner oder Prüfer erhalten dann ausschließlich Zugriff auf die freigegebenen Inhalte, ohne weitergehende Berechtigungen innerhalb der Umgebung zu erlangen.

Zudem verfügt Microsoft 365 über intelligente Funktionen zur Erkennung verdächtiger Anmeldeaktivitäten. Auffällige Muster – wie ungewöhnliche Uhrzeiten, neue Geräte oder geografisch unerwartete Zugriffsversuche – werden automatisch erkannt und Administratoren gemeldet. So lassen sich kompromittierte Konten frühzeitig identifizieren und gezielt absichern oder sperren, bevor größerer Schaden entsteht.

Gerade für Berufsgeheimnisträger wie Steuerberater ist diese feingranulare Kontrolle der Zugriffe ein entscheidender Faktor.

Microsoft 365 unterstützt dabei nicht nur technisch, sondern auch organisatorisch: durch automatisierte Schutzmechanismen, transparente Berechtigungsverwaltung und umfassende Protokollierung aller sicherheitsrelevanten Aktivitäten – eine tragfähige Grundlage für Datenschutz, IT-Sicherheit und berufsrechtliche Konformität.

7.2 Technische Verschlüsselung und Schutz

Neben der Zugriffskontrolle ist die technische Absicherung gespeicherter Daten ein zentraler Baustein der Sicherheitsstrategie. Microsoft 365 setzt hier auf eine durchgängige, systemseitige Verschlüsselung sämtlicher Daten – sowohl bei der Speicherung („at rest“) als auch bei der Übertragung („in transit“). Dadurch ist gewährleistet, dass sensible Informationen auch bei Verlust eines Endgeräts oder beim Abfangen von Datenpaketen nicht in lesbarer Form zugänglich sind.

Die Standardverschlüsselung von Microsoft schützt sämtliche Mandantendaten automatisch und erfüllt hohe internationale Sicherheitsstandards. Selbst Microsoft-Mitarbeitende haben ohne ausdrückliche, rollenbasierte Berechtigung keinen Zugriff auf die Inhalte in Klardatenform. Damit wird sichergestellt, dass auch bei administrativer Wartung oder Support keine Einsicht in vertrauliche Mandantendaten erfolgt.

Zusätzlich bietet Microsoft 365 die Möglichkeit, eigene Verschlüsselungsschlüssel (Customer Key) zu hinterlegen. Kanzleien, die ein besonders hohes Maß an Kontrolle wünschen – etwa aufgrund branchenspezifischer Anforderungen oder interner Vorgaben – können damit selbst festlegen, unter welchen Bedingungen Datenzugriffe technisch möglich sind. Für den regulären Kanzleibetrieb ist diese Erweiterung in der Regel nicht zwingend erforderlich, da die standardmäßig integrierten

Schutzmechanismen bereits ein sehr hohes Sicherheitsniveau bieten.

Ergänzt wird die technische Absicherung durch Möglichkeiten der Datenklassifizierung und -kennzeichnung, die in den weiteren Abschnitten vertieft dargestellt werden. Sie erlauben es, den Schutzbedarf einzelner Inhalte präzise zu bestimmen und automatisierte Schutzmaßnahmen daraus abzuleiten – etwa Verschlüsselung auf Dateiebene oder die Einschränkung von Weitergabemöglichkeiten.

7.3 Dokumentenklassifizierung mit Purview

Über die Funktionen von Microsoft Purview können Steuerkanzleien ein strukturiertes und wirkungsvolles Datenschutzsystem etablieren. Im Mittelpunkt steht dabei die Möglichkeit, sogenannte Vertraulichkeitsbezeichnungen (Sensitivity Labels) zu definieren und auf Dokumente sowie E-Mails anzuwenden. Diese Labels ermöglichen es, Inhalte systematisch zu klassifizieren – beispielsweise als „Vertraulich", „Streng vertraulich" oder „Mandantenbezogen – Intern" – und automatisch mit entsprechenden Schutzmechanismen zu versehen.

Die Wirkung dieser Labels ist zweifach: Einerseits machen sie durch optische Hinweise – etwa durch Wasserzeichen, Kopf- oder Fußzeilen – für den Benutzer sichtbar, wie sensibel ein Inhalt ist. Andererseits lösen sie automatisierte Sicherheitsmaßnahmen aus. Ein Label „Streng vertraulich" kann etwa bewirken, dass ein Dokument nur von definierten Personen geöffnet werden darf, nicht gedruckt oder weitergeleitet und ausschließlich innerhalb der eigenen Umgebung bearbeitet werden kann. So lassen sich besonders kritische Inhalte auch über die Grenzen der eigenen IT-Systeme hinweg effektiv schützen.

Microsoft 365 ermöglicht damit eine feingranulare Kontrolle auf Datei- und E-Mail-Ebene. Die Labels sind nicht bloß visuelle Markierungen, sondern dienen als steuernde Elemente für Verschlüsselung, Zugriffsrechte und Nutzeraktionen – dynamisch und regelbasiert. Im Hintergrund sorgt Purview Information Protection dafür, dass die definierten Richtlinien konsequent angewendet werden, ohne die tägliche Arbeit unnötig zu behindern. Die Nutzeroberfläche bleibt bewusst einfach und intuitiv gehalten, um den Einsatz im Alltag zu erleichtern.

Im Kanzleikontext bedeutet das: Mitarbeitende können weiterhin wie gewohnt mit vertraulichen Dokumenten arbeiten – während das Labeling im Hintergrund sicherstellt, dass diese Inhalte nicht versehentlich oder unkontrolliert nach außen gelangen. Ein Praxisbeispiel: Eine Kanzlei definiert das Label „Mandantenbezogen – Intern". Alle damit gekennzeichneten Dateien werden automatisch verschlüsselt gespeichert und sind nur für registrierte Mitarbeitende innerhalb der Kanzlei zugänglich. Sollte ein solches Dokument dennoch – absichtlich oder unbeabsichtigt – an einen externen Empfänger versendet werden, verhindert die Verschlüsselung das Öffnen durch Unbefugte.

Diese rechtebasierte Verschlüsselung auf Inhalts-Ebene stellt sicher, dass Schutzmaßnahmen nicht nur innerhalb der Kanzlei-IT greifen, sondern auch im Falle eines versehentlichen Datenabflusses wirksam bleiben. Mandantendaten sind damit nicht nur klassifiziert, sondern aktiv vor ungewolltem Zugriff geschützt – unabhängig davon, wo sich das Dokument gerade befindet.

Auch für den E-Mail-Verkehr stellt Microsoft 365 leistungsfähige Verschlüsselungslösungen bereit, die sich nahtlos in den Arbeitsalltag einer Steuerkanzlei integrieren lassen. E-Mails können entweder direkt über Office Message Encryption (OME) oder über zuvor definierte Vertraulichkeitsbezeichnungen verschlüsselt versendet werden. Der Empfänger erhält in diesem Fall eine geschützte Nachricht, die nur nach vorheriger Authentifizierung – etwa über eine Einmalverifizierung per Link oder Anmeldung – lesbar ist.

Gerade beim Versand sensibler Inhalte wie Bescheiden, Steuererklärungen oder Vollmachten stellt diese Funktion eine wichtige Schutzmaßnahme dar. Auch wenn die Nachricht versehentlich an eine falsche Adresse gesendet wurde, bleibt sie ohne erfolgreiche Authentifizierung für Dritte unzugänglich. Ergänzend wird der gesamte Transportweg zwischen Mailservern durch Transport Layer Security (TLS) abgesichert. Diese Verschlüsselung greift automatisch im Hintergrund und sorgt dafür, dass auch während der Übertragung kein Zugriff auf die Inhalte möglich ist. Damit ist nicht nur der Inhalt der Nachricht selbst geschützt, sondern auch die Kommunikation auf dem Weg zwischen den Systemen zuverlässig gesichert.

In Kombination mit den Purview-Labels und den DLP-Richtlinien entsteht so ein mehrschichtiges Sicherheitskonzept für die E-Mail-Kommunikation – ein entscheidender Aspekt für eine datenschutzkonforme und gleichzeitig praxisnahe Zusammenarbeit mit Mandanten und externen Stellen.

Menschliches Fehlverhalten – sei es versehentlich oder absichtlich – zählt nach wie vor zu den häufigsten Ursachen für Datenschutzverletzungen. Um diesem Risiko wirkungsvoll zu begegnen, bietet Microsoft 365 umfassende Funktionen zur Verhinderung von Datenverlusten (Data Loss Prevention, DLP) sowie zur Überwachung sensibler Datenströme innerhalb der Organisation.

DLP-Richtlinien analysieren systemseitig Inhalte in E-Mails, Dateien und Chats – lokal, in der Cloud und auf Endgeräten – und erkennen dort automatisch definierte sensible Informationen. Dies können beispielsweise Steueridentifikationsnummern, Sozialversicherungs-nummern, IBANs oder weitere personenbezogene Daten sein. Wird eine derartige Information festgestellt, greift die Richtlinie automatisch ein: Sie kann den Versand blockieren, eine Weitergabe verhindern oder den Nutzer zumindest durch eine Warnmeldung sensibilisieren und zu einer bewussten Bestätigung auffordern.

Gerade in Steuerkanzleien, in denen täglich mit hochsensiblen Mandantendaten gearbeitet wird, bietet DLP eine wirksame Absicherung gegen unbeabsichtigte Datenabflüsse. So kann z. B. verhindert werden, dass ein Mitarbeitender versehentlich eine Mandantenliste an eine externe Adresse sendet oder ein vertrauliches Dokument auf eine private Cloud-Plattform hochlädt. DLP-Richtlinien lassen sich so konfigurieren, dass bestimmte Dateiinhalte – etwa festgelegte Schlüsselbegriffe oder Datenformate – automatisch als schützenswert erkannt und entsprechend behandelt werden.

Microsoft Purview DLP ermöglicht darüber hinaus eine sehr feingranulare Steuerung dieser Maßnahmen: Je nach Sensitivität des Inhalts, Empfängerkreis oder gewähltem Übertragungskanal können unterschiedliche Reaktionen ausgelöst werden. Die Überwachung erfolgt über alle relevanten Kanäle hinweg – Exchange Online, SharePoint, OneDrive, Microsoft Teams oder lokale Speicherorte – und stellt damit sicher, dass sensible Daten nicht unbeabsichtigt das Unternehmen verlassen.

Für die Praxis in der Steuerkanzlei bedeutet das: Es lassen sich z. B. Richtlinien definieren, die den Versand von Dokumenten mit Mandantennamen und sensiblen Steuerdaten an externe Empfänger blockieren, das Hochladen von Buchhaltungsunterlagen mit personenbezogenen Daten zu Drittplattformen verhindern oder die Weitergabe bestimmter

Dateien auf mobile Endgeräte unterbinden. Gleichzeitig bleibt der Regelbetrieb störungsfrei: Die Maßnahmen greifen nur dort, wo ein tatsächliches Risiko besteht – intelligent, regelbasiert und nachvollziehbar.

Diese automatisierten Schutzmechanismen leisten damit einen wichtigen Beitrag zur Reduktion von Datenpannen und helfen, sowohl datenschutzrechtliche als auch berufsrechtliche Vorgaben verlässlich einzuhalten – ohne den Arbeitsfluss unnötig zu beeinträchtigen.

7.4 Aufbewahrung und eDiscovery

Ein weiterer zentraler Bestandteil der Sicherheits- und Compliance-Funktionen in Microsoft 365 ist die umfassende Protokollierung aller Benutzeraktivitäten. Die sogenannten Audit Logs erfassen detailliert, wer wann welche Aktion ausgeführt hat – sei es die Anmeldung eines Benutzers, der Zugriff auf eine Datei, das Bearbeiten oder Löschen von Inhalten, das Erstellen eines Teams oder das Teilen eines Dokuments.

Diese Protokolle sind für Administratoren jederzeit einsehbar und lassen sich bei Bedarf gezielt auswerten – etwa im Falle eines vermuteten Sicherheitsvorfalls oder zur Überprüfung von Benutzerverhalten. Microsoft betont, dass die Audit Logs entscheidende Ereignisdaten liefern, um Sicherheitsverletzungen forensisch untersuchen und deren Umfang eindeutig bestimmen zu können.

Für Steuerkanzleien ist diese Nachvollziehbarkeit von großer Bedeutung. Die Protokollierung von Zugriffen und Änderungen an Dokumenten unterstützt die Einhaltung gesetzlicher Anforderungen und bildet eine technische Grundlage für eine revisionssichere Archivierung.

Ergänzt wird diese Protokollierung durch Funktionen zur Versionierung von Dateien sowie durch konfigurierbare Aufbewahrungsrichtlinien. Letztere legen verbindlich fest, über welchen Zeitraum bestimmte Inhalte – etwa steuerrelevante E-Mails oder Dokumente – gespeichert werden müssen. Ein typisches Beispiel: Für Buchhaltungsbelege kann eine zehnjährige Aufbewahrungsfrist eingerichtet werden, die der gesetzlichen Verpflichtung entspricht.

Darüber hinaus besteht die Möglichkeit, sogenannte Retention Locks zu aktivieren. Diese Funktion verhindert, dass definierte Daten – selbst durch Administratoren – vor Ablauf der Aufbewahrungsfrist gelöscht oder verändert werden können. Ein einmal gesetzter Retention Lock lässt sich nicht ohne Weiteres zurücknehmen. Dadurch wird wirksam verhindert, dass z. B. versehentlich oder absichtlich ältere Buchhaltungsunterlagen entfernt werden. Selbst wenn ein Mitarbeitender versucht, solche Dokumente aktiv zu löschen, greift die Richtlinie und schützt die Daten gemäß den GoBD-Anforderungen.

Ergänzend lassen sich automatische Alarmierungen (Alerts) konfigurieren, die bei ungewöhnlichem Benutzerverhalten auslösen – etwa, wenn innerhalb kurzer Zeit eine ungewöhnlich große Zahl an Dateien heruntergeladen, geteilt oder gelöscht wird. Solche Auffälligkeiten können Hinweise auf gezielten Datenabzug oder unauthorisierte Nutzung sein und ermöglichen es, frühzeitig zu reagieren.

In der Gesamtschau ermöglichen diese Funktionen eine durchgängig nachvollziehbare, unveränderbare und überprüfbare Datenverarbeitung – essenzielle Voraussetzungen für die Einhaltung steuerlicher Vorschriften, interner Compliance-Vorgaben und für die vertrauensvolle Zusammenarbeit mit Mandanten.

In Situationen wie Betriebsprüfungen oder Rechtsstreitigkeiten stellt M365 mit Purview eDiscovery geeignete Werkzeuge bereit, um relevante Informationen schnell auffindbar zu machen. Die Kanzlei kann damit gezielt in allen Postfächern und Dateien nach bestimmten Schlagworten oder Mandantennamen suchen und die Ergebnisse für Prüfer zusammenstellen. Über einen sogenannten „legal hold" lässt sich zudem sicherstellen, dass sämtliche Inhalte, die für ein Verfahren relevant sein könnten, unverändert aufbewahrt werden (auch wenn Benutzer versuchen würden, sie zu löschen). Diese Funktionen unterstützen Steuerkanzleien dabei, ihrer Nachweispflicht effizient nachzukommen, ohne manuell E-Mails und Dokumente sammeln zu müssen.

Microsoft investiert jährlich über eine Milliarde US-Dollar in die Weiterentwicklung seiner Sicherheitsarchitektur – darunter moderne Abwehrsysteme, Verschlüsselungstechnologien und KI-gestützte Angriffserkennung. Die Rechenzentren von Microsoft werden rund um die Uhr überwacht, physisch abgesichert und regelmäßig von unabhängigen Stellen geprüft. Sie verfügen über umfangreiche Zertifizierungen, darunter ISO 27001 (Informationssicherheitsmanagement), ISO 27018 (Schutz personenbezogener Daten in der Cloud), SOC 1–3 (Service Organization Controls) sowie das C5-Testat des Bundesamts für Sicherheit in der Informationstechnik (BSI) – speziell für Cloud-Anbieter mit Sitz oder Tätigkeit in Deutschland.

Microsoft 365 erfüllt damit nicht nur hohe technische, sondern auch rechtliche Anforderungen an Datenschutz und Compliance. Die Plattform bietet umfassende Einstellungsoptionen, um den Umgang mit personenbezogenen Daten DSGVO-konform zu gestalten – etwa durch Data Residency-Einstellungen, Verschlüsselungsoptionen, Auditfunktionen und Datenklassifizierungen. Für Steuerkanzleien besonders wichtig: Microsoft tritt im Rahmen seiner Cloud-Angebote nicht als eigener

Verantwortlicher, sondern als Auftragsverarbeiter im Sinne der DSGVO auf.

Die rechtliche Grundlage dafür bildet die Datenverarbeitungsvereinbarung (DPA), die integraler Bestandteil der Online Service Terms ist. Diese Vereinbarung regelt die Verarbeitung personenbezogener Daten gemäß den Anforderungen der EU-Datenschutzgrundverordnung. Enthalten sind auch die EU-Standardvertragsklauseln, die insbesondere für den internationalen Datentransfer eine wichtige Rolle spielen – z. B. bei Supportprozessen oder konzernübergreifenden Funktionen.

Für deutsche Steuerkanzleien besonders relevant: Microsoft speichert die Daten von Microsoft-365-Kunden mit Unternehmenssitz in Deutschland auf Wunsch in deutschen oder EU-Rechenzentren. Dadurch wird sichergestellt, dass Mandantendaten grundsätzlich innerhalb des Geltungsbereichs der DSGVO verarbeitet werden. Das Problem sogenannter Drittstaatentransfers – insbesondere im Hinblick auf den US Cloud Act – entschärft sich erheblich, wenn personenbezogene Daten die Europäische Union gar nicht erst verlassen.

Die Kombination aus technischer Sicherheit, rechtlicher Konformität und geografisch kontrollierter Datenhaltung macht Microsoft 365 zu einer Plattform, die bei richtiger Konfiguration auch den hohen Anforderungen deutscher Aufsichtsbehörden sowie der Berufsaufsicht der Steuerberater standhält. Die Konfiguration kann je nach Anwendungsfall komplex sein. Steuerkanzleien sollten daher sicherstellen, dass IT-Verantwortlich bzw. CTO nicht nur über die notwendige technische IT-Expertise, sondern auch über das datenschutzrechtliche Hintergrundwissen verfügen, was insbesondere bei kleineren IT-Dienstleistern nicht immer der Fall ist.

8 Moderne Kanzlei-IT mit Microsoft Azure

Die Anforderungen an die IT-Infrastruktur von Steuerberatungskanzleien haben sich in den letzten Jahren grundlegend verändert. Die zunehmende Digitalisierung, der Wunsch nach ortsunabhängigem Arbeiten, wachsende Sicherheitsanforderungen sowie neue Möglichkeiten durch künstliche Intelligenz und Automatisierung führen dazu, dass klassische, lokal betriebene IT-Umgebungen an ihre Grenzen stoßen. Gleichzeitig wächst der Bedarf an standardisierten, skalierbaren und jederzeit verfügbaren Lösungen, die sowohl den Kanzleialltag vereinfachen als auch neue Services ermöglichen.

Microsoft Azure bietet eine umfassende Plattform, um diesen Anforderungen gerecht zu werden. Als cloudbasierte Infrastruktur vereint Azure leistungsstarke Werkzeuge für den Betrieb virtueller Arbeitsplätze, die Bereitstellung und Sicherung von Servern, die Abbildung sicherer Netzwerke sowie die intelligente Nutzung und Auswertung von Daten. Die einzelnen Komponenten greifen nahtlos ineinander, lassen sich flexibel skalieren und sind vollständig in die Microsoft-365-Welt integriert – ein großer Vorteil für Kanzleien, die bereits mit Outlook, Teams oder Excel arbeiten.

Die folgenden Kapitel zeigen exemplarisch auf, wie einzelne Azure-Dienste gezielt im Kanzleikontext eingesetzt werden können – von virtuellen Desktops über automatisierte Backup-Strategien bis hin zu datengetriebenen Auswertungen mit Microsoft Fabric. Gemeinsam ermöglichen sie nicht nur eine technologische Modernisierung der Kanzlei-IT, sondern schaffen auch die Grundlage für neue Formen der Zusammenarbeit, Beratung und Wertschöpfung.

8.1 Sichere Cloud Arbeitsplätze - Azure Virtual Desktop

In einer zunehmend dezentral organisierten Arbeitswelt gewinnen flexible, ortsunabhängige IT-Arbeitsplätze stetig an Bedeutung – auch und gerade in Steuerberatungskanzleien. Azure Virtual Desktop (AVD) bietet in diesem Kontext eine moderne, leistungsstarke und zugleich hochsichere Lösung zur Bereitstellung von Windows-Desktops und Anwendungen direkt aus der Cloud. Anders als klassische Terminalserver-Infrastrukturen basiert AVD vollständig auf der Microsoft Azure-Plattform und ermöglicht einen hochgradig skalierbaren Zugriff auf virtuelle Arbeitsumgebungen – unabhängig vom verwendeten Endgerät oder Standort. Für Steuerkanzleien eröffnet Azure Virtual Desktop eine Vielzahl praxisrelevanter Vorteile. Besonders hervorzuheben ist die Möglichkeit, allen Mitarbeitenden einen identischen, standardisierten und zentral verwalteten Windows-Arbeitsplatz bereitzustellen – inklusive der gewohnten Anwendungen, individueller Einstellungen und umfassender Sicherheitsrichtlinien. Ganz gleich, ob der Zugriff aus dem Homeoffice, vom mobilen Endgerät oder vom stationären Bürorechner erfolgt: Die Arbeitsumgebung bleibt durchgängig konsistent. Das schafft nicht nur ein hohes Maß an Nutzerkomfort, sondern reduziert zugleich den administrativen Aufwand für die IT-Abteilung erheblich.

Ein zentrales Argument für den Einsatz von AVD liegt in der Sicherheitsarchitektur. Da sämtliche Daten ausschließlich in der gesicherten Microsoft-Cloud verbleiben und nicht lokal auf den Endgeräten gespeichert werden, minimiert sich das Risiko von Datenverlust durch Diebstahl, Hardwaredefekte oder unsachgemäße Speicherung erheblich. Selbst im Fall kompromittierter Geräte bleibt der Zugriff auf sensible

Mandantendaten kontrolliert, nachvollziehbar und auf ein Minimum beschränkt. In Kombination mit Microsoft Entra ID sowie Funktionen wie Conditional Access und Multi-Faktor-Authentifizierung (MFA) lassen sich fein granulierte Zugriffskontrollen realisieren, die exakt definieren, wer wann und von wo auf welche Arbeitsumgebungen zugreifen darf. Ergänzend können Kanzleien individuelle Richtlinien zur Umleitung lokaler Geräte, zum Zugriff auf USB-Medien, Authentifizierungskarten oder Netzwerkdrucker festlegen – ein wichtiger Baustein zur Einhaltung berufs- und datenschutzrechtlicher Vorgaben.

Auch im Bereich der Softwareintegration punktet Azure Virtual Desktop mit hoher Flexibilität: Anwendungen wie ADDISON lassen sich über entsprechende Kompatibilitäts- und Installationsmechanismen nahtlos auf den virtuellen Desktops betreiben. Selbst komplexe Szenarien – etwa das Zusammenspiel zwischen branchenspezifischer Fachsoftware, Microsoft 365 und weiteren Kanzleianwendungen – können zentral verwaltet und performant abgebildet werden. Darüber hinaus eignet sich AVD ideal für den temporären Einsatz, beispielsweise für Schulungen, Testumgebungen oder die zeitlich begrenzte Einbindung externer Mitarbeitender – ganz ohne physische Hardware oder aufwändige Vor-Ort-Konfigurationen.

Auch unter wirtschaftlichen Gesichtspunkten ist Azure Virtual Desktop eine attraktive Option. Da ausschließlich die tatsächlich genutzte Rechenkapazität abgerechnet wird, können Steuerkanzleien ihre IT-Infrastruktur flexibel an die aktuelle Auslastung anpassen. Neue Benutzerkonten lassen sich innerhalb weniger Minuten anlegen, Ressourcen bedarfsgerecht skalieren und Systemupdates zentral ausrollen – all das spart nicht nur Kosten, sondern auch wertvolle Zeit im Vergleich zu konventionell betriebenen Serverlösungen.

Nicht zuletzt unterstützt Azure Virtual Desktop die Realisierung moderner Arbeitsplatzkonzepte – etwa hybrider Arbeitsformen oder den Betrieb von Außenstellen – ohne dass vor Ort separate IT-Infrastruktur vorgehalten werden muss. In Kombination mit Sicherheitsdiensten wie Microsoft Defender, Microsoft Purview und weiteren Komponenten aus dem Microsoft 365-Ökosystem entsteht eine durchgängig geschützte, leistungsstarke und anwender-freundliche Arbeitsumgebung, die die hohen Anforderungen von Steuerkanzleien an Datenschutz, Vertraulichkeit und Verfügbarkeit konsequent erfüllt.

Azure Virtual Desktop ist damit weit mehr als ein technisches Substitut für klassische Desktop PC: Es ist ein strategisches Instrument zur Digitalisierung, Standardisierung und Absicherung moderner Arbeitsplätze in der Steuerberatung.

8.2 Server, Backup & Netzwerke: Azure-Lösungen

Mit der fortschreitenden Verlagerung unternehmensrelevanter IT-Strukturen in die Cloud stellt sich auch für Steuerkanzleien zunehmend die Frage, wie klassische IT-Komponenten wie Server, Datensicherung und Netzwerkinfrastruktur zukunftssicher, effizient und rechtskonform betrieben werden können. Die Microsoft Azure-Plattform bietet hierfür ein umfassendes Portfolio an Diensten, mit denen diese Bereiche nicht nur abgebildet, sondern qualitativ deutlich weiterentwickelt werden können. Ziel ist es, die Flexibilität, Ausfallsicherheit und IT-Sicherheit in der Kanzlei zu steigern – bei gleichzeitig reduziertem Wartungsaufwand und einer bedarfsgerechten Skalierbarkeit.

Die Bereitstellung von Serverressourcen in Azure erfolgt dynamisch über virtuelle Maschinen (VMs), die flexibel dimensioniert und auf den jeweiligen Einsatzzweck abgestimmt werden können – sei es als Applikationsserver, Datenbankserver oder zur Ausführung branchenspezifischer Software wie ADDISON oder DATEV u.a.. Ein entscheidender Vorteil gegenüber lokal betriebenen Systemen liegt in der hohen Skalierbarkeit: Rechenleistung und Speicher-kapazitäten lassen sich ohne physische Eingriffe jederzeit anpassen, neue Server können bei Bedarf innerhalb weniger Minuten bereitgestellt werden. Darüber hinaus profitieren Kanzleien von der hohen Verfügbarkeit der Azure-Rechenzentren, die durch automatische Lastverteilung, geografische Redundanz und permanente Systemüberwachung sichergestellt wird.

Ein zentraler Bestandteil jeder modernen IT-Infrastruktur ist eine verlässliche und sichere Backup-Strategie. Mit dem Azure Backup Service stehen leistungsstarke Werkzeuge zur Verfügung, die eine automatisierte, verschlüsselte Sicherung aller relevanten Systeme und Daten ermöglichen – sowohl in regelmäßigen Intervallen als auch situativ auf Abruf. Die Wiederherstellung kann auf verschiedenen Ebenen erfolgen: von einzelnen Dateien über komplette Laufwerke bis hin zur Wiederherstellung ganzer virtueller Maschinen. Sämtliche Backup-Daten werden verschlüsselt übertragen, sicher gespeichert und können zusätzlich in mehreren Azure-Regionen redundant abgelegt werden. Damit erfüllen Kanzleien nicht nur interne Anforderungen an Datensicherheit und Wiederherstellbarkeit, sondern auch gesetzliche Vorgaben – etwa im Hinblick auf die GoBD oder das Berufsgeheimnis gemäß § 203 StGB. Ergänzend sorgt Azure Site Recovery für eine leistungsfähige Notfallwiederherstellung: Im Katastrophenfall können komplette Systeme binnen kürzester Zeit in einer anderen Region erneut bereitgestellt werden – ein Schutzmechanismus, der mit herkömmlicher On-Premises-

Technologie nur mit hohem technischem und finanziellem Aufwand realisierbar wäre.

Auch im Bereich der Netzwerkinfrastruktur bietet Azure erhebliche Vorteile gegenüber klassischen lokalen Lösungen. Über virtuelle Netzwerke (VNets), Network Security Groups (NSGs) und die Azure Firewall lassen sich komplexe, hochsichere und logisch getrennte Netzwerktopologien erstellen. Kanzleien behalten dabei die volle Kontrolle über ihren Datenverkehr und können exakt festlegen, welche Systeme miteinander kommunizieren dürfen. Dadurch lassen sich sensible Mandantenbereiche, interne Verwaltungssysteme, Applikationsserver und externe Schnittstellen strukturiert voneinander trennen – ein entscheidender Vorteil für Kanzleien mit erhöhtem Sicherheitsbedarf, mehreren Standorten oder externen Schnittstellen.

In Kombination mit Azure Virtual Desktop (AVD) ergibt sich ein durchgängiges Arbeitsplatz- und Infrastrukturkonzept: Die über Azure bereitgestellten Server bilden das stabile Fundament für standardisierte Arbeitsumgebungen, auf die über AVD sicher und flexibel zugegriffen werden kann – unabhängig davon, ob der Zugriff aus dem Homeoffice, vom mobilen Gerät oder aus einer Außenstelle erfolgt. Diese Synergie zwischen Azure VMs und AVD ermöglicht es, Desktop- und Serverlandschaften zentral zu verwalten, performant bereitzustellen und gleichzeitig flexibel nutzbar zu machen. Mitarbeitende arbeiten durchgängig in einer kontrollierten, einheitlichen Umgebung – Daten und Anwendungen verbleiben sicher in der Cloud.

Ein zusätzlicher strategischer Mehrwert ergibt sich durch die konsequente Verlagerung der Kanzleidaten in die Microsoft-Welt. Daten, die in Azure gespeichert oder über SharePoint und OneDrive zentral verwaltet werden, können durch intelligente

Dienste wie Microsoft Copilot, Microsoft Fabric oder Microsoft Syntex effizient analysiert, weiterverarbeitet und kontextbezogen in die tägliche Arbeit integriert werden. Erst diese enge Verzahnung mit KI-basierten Werkzeugen erschließt die Potenziale für echte Automatisierung und intelligente Unterstützung – etwa durch automatisierte Reportings, die Erkennung buchhalterischer Muster oder proaktive Empfehlungen im Arbeitskontext. Voraussetzung hierfür ist eine strukturierte, zugängliche Datenhaltung innerhalb der Microsoft-Cloud – eine Anforderung, die in lokalen IT-Umgebungen nur mit großem Aufwand umsetzbar ist.

Darüber hinaus profitieren Steuerkanzleien in Azure von einer ganzheitlichen Überwachung und Steuerung ihrer IT-Infrastruktur. Mit Tools wie Azure Monitor, Log Analytics und Microsoft Defender for Cloud lassen sich sämtliche Systeme zentral überwachen, sicherheitsrelevante Ereignisse automatisch erkennen und bei Bedarf Compliance-Berichte erstellen. Diese Transparenz ist insbesondere für Berufsgeheimnisträger von zentraler Bedeutung und erleichtert es, Prüfungsanforderungen dokumentierbar und rechtssicher zu erfüllen.

Im Vergleich zur klassischen IT im eigenen Serverraum entfällt mit Azure nicht nur die Notwendigkeit, eigene Hardware zu beschaffen, zu betreiben und regelmäßig zu erneuern. Vielmehr stehen Steuerkanzleien über die Microsoft-Infrastruktur moderne Verfügbarkeits-, Sicherheits- und Wartungsstandards zur Verfügung, die in kleineren lokalen IT-Umgebungen wirtschaftlich kaum abbildbar wären. Dadurch können sich Kanzleien ganz auf ihr Kerngeschäft konzentrieren – während die IT-Infrastruktur zuverlässig, skalierbar und gesetzeskonform aus der Cloud bereitgestellt wird.

8.3 Microsoft Fabric: Datengold in Steuerkanzleien

Mit zunehmender Digitalisierung und dem Wunsch nach fundierten, datenbasierten Entscheidungen rückt die Frage in den Fokus, wie Steuerkanzleien die stetig wachsenden Datenmengen aus unterschiedlichen Quellen sinnvoll strukturieren, analysieren und für die tägliche Arbeit nutzbar machen können. Microsoft Fabric bietet hierfür eine leistungsfähige, moderne Plattform, die auf bestehender Microsoft-365- und Azure-Technologie aufbaut und speziell dafür entwickelt wurde, Daten aus verschiedensten Systemen (wie den Fachapplikationen, DMS und Mandantenkommunikationen) in einer einheitlichen Umgebung zusammenzuführen und auszuwerten – ohne aufwändige IT-Projekte oder tiefer gehende Programmier-kenntnisse.

Im Zentrum steht dabei der sogenannte OneLake: eine zentrale Datenbasis, in der alle relevanten Informationen strukturiert und unstrukturiert – von Buchhaltungsdaten über Belege bis hin zu Korrespondenz und Kanzleiverwaltungsdokumenten – gespeichert und für autorisierte Nutzer verfügbar gemacht werden. Diese Bündelung in einer gemeinsamen Umgebung schafft nicht nur Transparenz, sondern beseitigt auch die vielfach vorhandenen Datensilos, die in der Praxis häufig zu zeitaufwändigen Suchprozessen und unvollständigen Auswertungen führen.

Die Aufbereitung der Daten erfolgt in Fabric nach dem Prinzip der Medallion-Architektur. Rohdaten werden zunächst im sogenannten Bronze-Layer gesammelt, in einem zweiten Schritt bereinigt, standardisiert und in den Silber-Layer überführt, bevor sie schließlich im Gold-Layer für Auswertungen, Berichte oder KI-Anwendungen nutzbar gemacht werden. Auf diese Weise entsteht ein strukturierter, nachvollziehbarer Datenfluss, der eine hohe

Datenqualität sicherstellt und die Grundlage für fundierte Entscheidungen bildet – sowohl intern als auch in der Mandatsbetreuung.

Ein besonderer Vorteil von Microsoft Fabric liegt in der einfachen Bedienbarkeit. Die Erstellung von Auswertungen, Visualisierungen und Berichten ist auch ohne Programmierkenntnisse möglich. Mitarbeitende können komplexe Fragestellungen in natürlicher Sprache formulieren und erhalten binnen Sekunden automatisch aufbereitete Auswertungen – etwa zu Umsatzentwicklungen, Liquiditätsverläufen oder Branchenvergleichen. Dabei helfen KI-gestützte Vorschläge bei der Interpretation und ermöglichen es, auch große Datenmengen schnell und effizient auszuwerten. So werden Informationen, die bisher nur mit erheblichem Aufwand aufbereitet werden konnten, unmittelbar verfügbar – etwa für die interne Kanzleisteuerung (z.B. Mitarbeiterauslastung) oder zur Vorbereitung auf Mandantengespräche (Geschäftsentwicklung).

Darüber hinaus schafft Microsoft Fabric die Grundlage für moderne Self-Service-Angebote in der Mandantenbetreuung. Mandanten können über personalisierte Dashboards gezielt auf ihre eigenen Unternehmenskennzahlen zugreifen, automatisierte Finanzanalysen abrufen oder ihre Geschäftsentwicklung mit anonymisierten Benchmarkdaten vergleichen. Diese Funktionen stärken nicht nur die Mandantenbindung, sondern entlasten auch die Mitarbeitenden, da wiederkehrende Auswertungen nicht mehr manuell erstellt werden müssen. Kanzleien positionieren sich damit als digitaler, zukunftsorientierter Partner, der seinen Mandanten echten Mehrwert bietet.

Auch wirtschaftlich eröffnet Microsoft Fabric neue Perspektiven. Die in der Kanzlei bereits vorhandene Datenkompetenz kann durch zusätzliche Serviceangebote monetarisiert werden – etwa durch erweiterte Reporting-Pakete, mandantenspezifische Szenarioanalysen oder kostenpflichtige Zugänge zu Self-Service-Portalen, beispielsweise mit Microsoft Power Pages und vorgeschaltetem Webshop. Auf diese Weise entstehen neue Geschäftsmodelle jenseits der klassischen Steuerberatung, die nicht nur zusätzliche Umsätze generieren, sondern auch die Wettbewerbsfähigkeit der Kanzlei nachhaltig stärken.

Wie bei allen Microsoft-Cloud-Diensten erfüllt auch Fabric höchste Anforderungen an Datenschutz und Sicherheit. Die Plattform nutzt die Sicherheitsmechanismen von Azure, einschließlich rollen-basierter Zugriffskontrollen, Ende-zu-Ende-Verschlüsselung und detaillierter Protokollierung. Über Microsoft Purview können ergänzend Datenschutz- und Compliance-Richtlinien verwaltet und überwacht werden, sodass auch berufsrechtliche Vorgaben zuverlässig eingehalten werden.

Nicht zuletzt fügt sich Microsoft Fabric nahtlos in die bestehende Microsoft-365-Umgebung ein. Die Daten stehen dort zur Verfügung, wo sie benötigt werden – in Excel, Power BI, Teams oder Outlook. Die Bedienung erfolgt über vertraute Oberflächen, sodass lange Einarbeitungsphasen entfallen und die Lösung unmittelbar produktiv eingesetzt werden kann.

Microsoft Fabric ist damit weit mehr als ein technisches Werkzeug zur Datenverarbeitung. Es ist ein strategisches Element für Steuerkanzleien, die ihre Datenbasis aktiv nutzen möchten – sei es zur internen Steuerung, zur Verbesserung der Mandanten-kommunikation oder zur Entwicklung neuer, skalierbarer Serviceangebote.

9 Erfahrungsbericht: Der Weg in die Online-Kanzlei

Schon früh war mir wichtig, ortsunabhängig arbeiten zu können – sei es im Büro, von zu Hause, im Zug oder im Ausland. Die praktische Umsetzung stieß jedoch regelmäßig an ihre Grenzen. Technisch arbeiteten wir lange mit einer klassischen Server-Client-Struktur: Ein Terminalserver im Kanzleikeller, verbunden über VPN, das Zugriff auf die Fachapplikation ermöglichte. Stabilität, Geschwindigkeit und Benutzerfreundlichkeit waren jedoch eingeschränkt. Mobiles Arbeiten fühlte sich eher wie eine Notlösung an, nicht wie ein durchdachtes Konzept.

Im Jahr 2019 begann sich diese Situation zu verändern. Ich stieß auf SharePoint Online – nicht zum ersten Mal, aber mit einem neuen Blick. SharePoint war mir bereits in der klassischen On-Premises-Variante begegnet. Doch mit der vollständigen Integration in die Microsoft-365-Umgebung wurde es plötzlich zu einer Plattform mit echtem Potenzial. Es war nicht mehr nur ein Tool zur Ablage von Dateien, sondern ein vollwertiges, cloudbasiertes Intranet mit vielseitigen Funktionen – von Dokumentenmanagement über Berechtigungsfunktionen bis hin zu Möglichkeiten der internen Kommunikation und Schulung.

9.1 Die Entdeckung von SharePoint online

Der erste Kontakt mit SharePoint Online war eher zufällig. Ich kannte SharePoint in seiner klassischen On-Premises-Variante – unhandlich, schwer zu konfigurieren und fernab echter Benutzerfreundlichkeit. Doch mit der cloudbasierten Version in Microsoft 365 änderte sich mein Blick. Ich testete einfache Ordnerstrukturen, spielte mit Berechtigungen und war erstaunt, wie reibungslos die Synchronisation zwischen verschiedenen Endgeräten funktionierte.

Schnell erkannte ich, dass SharePoint mehr sein konnte als ein Dateispeicher. Ich begann damit, ein Intranet aufzubauen – zunächst ein Bereich für Mandanteninformationen, dann ein interner Wissensspeicher. Schulungsvideos, Checklisten, interne Leitfäden: Alles fand seinen Platz. Versionierung, Freigaben, Zugriffsbeschränkungen – plötzlich waren all diese Funktionen ohne zusätzliche Softwarelösungen möglich.

Parallel dazu stellte ich Überlegungen an, wie sich diese neue Plattform mit unseren bestehenden Arbeitsabläufen verzahnen ließe. Ich entwickelte erste Seitenlayouts, strukturierte Mandantenordner um und begann, mich intensiv mit der Architektur hinter SharePoint – insbesondere dem Zusammenspiel mit Microsoft Teams – auseinanderzusetzen.

Ein erstes Aha-Erlebnis: Eine Mitarbeiterin teilte einen Link zu einem Dokument, das direkt im Browser bearbeitet werden konnte – parallel, live, ohne Versionschaos. Das war der Moment, in dem ich verstand, wie groß das Potenzial wirklich war.

9.2 Microsoft Cloud – und dann?

Als die Corona-Pandemie im Frühjahr 2020 unseren Alltag veränderte, beschleunigte sich unser Transformationsprozess dramatisch. Innerhalb weniger Tage wurde aus einem Plan ein Muss. Die Kanzleistruktur musste so umgebaut werden, dass alle Mitarbeitenden ortsunabhängig arbeiten konnten – ohne Qualitätsverlust, ohne Informationsdefizite, ohne Mehrarbeit.

Wir führten Microsoft Teams ein – zunächst für Besprechungen, dann als tägliches Kommunikationsmittel. Die klassische

Telefonie blieb bestehen, funktionierte aber zunehmend als Fremdkörper. Mobiltelefone wurden zu Hotspots digitaler Improvisation: Chats über Messenger Apps, Bilder von Belegen, Rückfragen über Sprachnachrichten. Schnell wurde klar: Wir brauchen eine einheitliche Kommunikationsplattform.

Wir begannen, die Funktionen von Microsoft Teams in vollem Umfang zu nutzen: Kanäle für Abteilungen, geteilte Aufgabenlisten, strukturierte Mitarbeiterchats. Erste automatisierte Workflows entstanden: Nachrichten über neue Bescheide, automatische Fristenerinnerungen, zentral gesteuerte Aufgabenverteilung über Planner. Zur gleichen Zeit beschäftigten wir uns mit Themen wie digitale Formularverarbeitung (Jotform vs Typeform vs MS Forms), Terminbuchung (Calendly vs. Bookings) und Mandanten-kommunikation über die Website (Live Chat Inc.). Besonders spannend war dabei die Frage: Wie schaffen wir es, dass neue Mandanten vollständig digital onboarded werden können – ohne einen Anruf, ohne ein Papierformular, ohne Medienbruch?

2022 trafen wir eine Entscheidung mit großer Tragweite: die vollständige Umstellung unserer Telefonie auf Microsoft Teams. Vier Kanzleistandorte, viele einzelne Durchwahlen, vier klassische ISDN-Anlagen mit VOIP, Faxgeräte, Türsprechstellen – all das musste auf ein modernes, cloudbasiertes System migriert werden. Jeder Mitarbeitende erhielt auch mit Teams eine eigene interne Rufnummer, Durchwahlen blieben erhalten, Faxe wurden digitalisiert, und auch die Mandantenkommunikation veränderte sich grundlegend.

Die Vorteile zeigten sich schnell: Ein autonomes Telefonteam konnte standortübergreifend agieren, Follow-ups wurden als Planner-Aufgabe erzeugt, Mandantenanfragen konnten automatisiert weitergeleitet werden. Alles an einem Ort – kein Systemwechsel, keine Medienbrüche.

9.3 Lessons Learned und Best Practices

Rückblickend war unser Weg alles andere als geradlinig. Es gab technische Stolpersteine, organisatorische Reibungen und menschliche Unsicherheiten. Doch genau diese Erfahrungen wurden zur wertvollsten Ressource unserer Transformation. Ein zentrales Learning: Die Technologie ist nicht das Problem. Sie funktioniert – wenn man sie richtig einführt. Die eigentliche Herausforderung liegt im Mindset: Die Bereitschaft, sich auf Neues einzulassen, alte Muster loszulassen und gemeinsam neue Standards zu schaffen.

Wir arbeiteten mit dem Prinzip der „digitalen Lotsen". Technikaffine Mitarbeitende wurden gezielt eingebunden, geschult und als Ansprechpartner:innen für ihre Teams eingesetzt. Diese Lotsen halfen dabei, Widerstände abzubauen, Ängste zu nehmen und neue Tools in den Arbeitsalltag zu integrieren.

Ein weiterer Erfolgsfaktor: Iteration statt Perfektion. Kein Tool wurde auf einen Schlag für alle eingeführt. Wir testeten, passten an, überarbeiteten. Erst wenn etwas funktionierte, wurde es skaliert. Diese Herangehensweise ermöglichte es uns, aus Fehlern zu lernen, ohne das große Ganze zu gefährden. Besonders positiv entwickelte sich die Zusammenarbeit im Team. Durch die digitalen Tools wurden Informationen zentral, Transparenz stieg, Zuständigkeiten waren klarer. Die Kommunikation wurde fokussierter – weniger E-Mails, weniger Missverständnisse, mehr Klarheit. Und auch auf Seiten der Mandanten veränderte sich viel. Die Einführung digitaler Belegübergabe, elektronischer Signatur und automatisierter Rückfragen führte zu mehr Geschwindigkeit, höherer Servicequalität und gestiegener Zufriedenheit.

Heute – im Jahr 2025 – arbeiten wir vollständig digital und remote. Unsere Kanzlei ist kein Ort mehr, sondern eine Plattform. Wir sind verbunden über Technologie, getragen von Vertrauen und vereint durch ein gemeinsames Ziel: die digitale Steuerberatung der Zukunft mitzugestalten. Wir sind hassenpflug.online – und der Weg, den wir gegangen sind, ist kein Sonderweg. Er ist reproduzierbar. Und er beginnt mit einer Entscheidung.

Die geschilderten Erfahrungen zeigen: Der Weg zur digitalen Kanzlei beginnt mit kleinen Schritten – aber er verändert am Ende alles. Prozesse, Kommunikation, Kultur, Mandantenbeziehungen und nicht zuletzt das Selbstverständnis einer modernen Steuerberatung. Doch was genau sind die konkreten Vorteile dieser Transformation? Welche messbaren Effekte lassen sich feststellen – und wie wirken sie sich auf Effizienz, Mandantenbindung und Wettbewerbsfähigkeit aus?

Im nächsten Kapitel werfen wir einen strukturierten Blick auf genau diese Fragen: Welche strategischen Vorteile ergeben sich aus der Digitalisierung und Automatisierung in der Steuerberatung – und wie lassen sich diese gezielt nutzen?

10 Vorteile der digitalen Steuerkanzlei

Die Digitalisierung verändert unseren Kanzleialltag grundlegend – nicht irgendwann, sondern jetzt. Was früher in Papierform erledigt wurde, läuft heute über automatisierte Prozesse, Cloudsysteme und digitale Kommunikation. Für Steuerberater und Mitarbeitende bedeutet das: weniger monotone Routinen, mehr Fokus auf das, was wirklich zählt.

In diesem Kapitel zeige ich, welche konkreten Vorteile die digitale Arbeitsweise mit sich bringt – für die Kanzlei, für die Mandanten und vor allem für das Team. Von effizienteren Abläufen über moderne Zusammenarbeit bis hin zu mehr Flexibilität und neuen Entwicklungschancen: Die digitale Steuerkanzlei ist kein Zukunftsversprechen, sondern gelebte Realität – wenn man sie richtig gestaltet.

10.1 Effizienzsteigerung und Kostenreduktion

Die Digitalisierung und der Einsatz von Künstlicher Intelligenz in Steuerkanzleien ermöglichen erhebliche Effizienzsteigerungen und Kosteneinsparungen. Routineaufgaben wie das Erfassen von Belegen, Buchungen oder die Erstellung einfacher Steuererklärungen lassen sich automatisieren und reduzieren damit nicht nur den Zeitaufwand, sondern auch die Fehlerquote. Dank der digitalen Bearbeitung und Archivierung von Dokumenten entfallen Kosten für Druck, Papier und Versand. Die dadurch freiwerdenden Ressourcen können für hochwertigere, strategische Beratungsleistungen eingesetzt werden, wodurch Kanzleien ihre Profitabilität nachhaltig verbessern können.

Ein weiterer Effizienzvorteil ergibt sich durch die Möglichkeit, ortsunabhängig und digital zusammenzuarbeiten. Mitarbeitende können sich über Kollaborationstools wie Microsoft Teams oder geteilte digitale Arbeitsbereiche schnell abstimmen, Dokumente gemeinsam bearbeiten und Rückfragen sofort klären. Der Austausch erfolgt in Echtzeit, transparent und ohne Medienbrüche – im Vergleich zur traditionellen Kommunikation über Papierakten, E-Mails oder Telefonate ein deutlicher Fortschritt.

Digitale Lernpfade und durchsuchbare Videoinhalte zu Schulungszwecken ermöglichen ein zeit- und ortsunabhängiges Onboarding neuer Mitarbeitender sowie eine kontinuierliche Weiterentwicklung des Teams. Jeder Mitarbeitende kann in seinem eigenen Tempo lernen, Inhalte bei Bedarf erneut ansehen, Videos durchsuchen (auch diese sind transkribiert), mit Copilot als Coach chatten und Fragen zu den Videoinhalten stellen. Wissen kann gezielt vertieft werden – ohne externe Schulungen oder Reiseaufwand. Auch die strukturierte Problemlösung profitiert: Digitale Mindmaps, digitale Notizbücher und zentrale Wissensplattformen unterstützen die systematische Analyse komplexer Fragestellungen und machen Ideen und Entscheidungen für alle Beteiligten nachvollziehbar. Aufgabenmanagementsysteme wie Planner und ToDo ermöglichen eine transparente Verteilung und Nachverfolgung von Aufgaben, was Abstimmungen deutlich erleichtert und Verzögerungen reduziert.

Nicht zuletzt entfaltet die Künstliche Intelligenz ihr volles Potenzial erst dann, wenn sie auf die gesamten digitalen Daten der Organisation zugreifen kann. Durch intelligente Suchfunktionen, automatisierte Zusammenfassungen oder kontextbezogene Vorschläge lassen sich relevante Informationen schneller finden, Entscheidungen fundierter treffen und Prozesse zielgerichtet optimieren. Die Summe dieser digitalen Möglichkeiten führt zu einer Effizienz, die mit klassischen Arbeitsweisen nicht zu erreichen ist.

10.2 Verbesserte Mandantenbeziehungen

Digitale Kanzleien können den gestiegenen Erwartungen ihrer Mandanten hinsichtlich Erreichbarkeit, Transparenz und Geschwindigkeit besser gerecht werden. Durch moderne Kommunikationsmittel wie Mandanten-Apps, Online-Portale und

Echtzeit-Beratung via Videocall oder Chat verbessert sich die Servicequalität deutlich. Mandanten erhalten eine schnellere Rückmeldung, haben transparenten Zugriff auf ihre Unterlagen und profitieren von einer prokativeren Beratung, die frühzeitig Optimierungspotenziale und Risiken erkennt. Dies steigert die Mandantenzufriedenheit und stärkt langfristig die Mandantenbindung.

Gleichzeitig ermöglicht die durch Digitalisierung gewonnene Zeitersparnis der Kanzlei, Lösungen für Mandanten zu entwickeln und Produkte am Markt anzubieten, die Mandanten wirklich benötigen. Dadurch eröffnen sich neue Umsatzpotenziale und Geschäftschancen. Es entsteht eine Win-Win-Situation: Die Bedürfnisse der Mandanten werden besser erfüllt und gleichzeitig wird der wirtschaftliche Erfolg der Kanzlei gesteigert. Ein Beispiel für solche Produktlösungen sind individuell zugeschnittene Auswertungen, die dem Mandanten in Echtzeit auf dem Mobiltelefon zur Verfügung gestellt werden. Der Mandantenservice wird spürbar verbessert, Reaktionszeiten verkürzen sich erheblich und die Beratungsqualität steigt deutlich.

10.3 Attraktivität für Fachkräfte

Moderne, digitale Kanzleien haben deutliche Vorteile bei der Gewinnung und Bindung qualifizierter Fachkräfte. Junge Talente bevorzugen Arbeitgeber, die flexible Arbeitsmodelle wie Homeoffice oder hybrides Arbeiten ermöglichen. Durch die Nutzung moderner Kollaborationsplattformen und automatisierter Prozesse entsteht eine attraktive Arbeitsumgebung, die Fachkräften ermöglicht, sich auf anspruchsvollere und kreativere Tätigkeiten zu konzentrieren. Gleichzeitig erhöht die digitale Ausrichtung einer Kanzlei deren Ansehen als innovativer Arbeitgeber, was einen wesentlichen Vorteil im Wettbewerb um die besten Mitarbeiter darstellt.

Ein oft unterschätzter, aber ebenso zentraler Aspekt ist die positive Wirkung auf die Work-Life-Balance der Mitarbeitenden. Durch den gezielten Einsatz von Automatisierung und Künstlicher Intelligenz lassen sich ständige Unterbrechungen und ineffiziente Abläufe minimieren. So entsteht ein strukturierter, stressfreierer Arbeitsalltag mit mehr Konzentration auf anspruchsvolle Aufgaben. Die dadurch gewonnene Zeit können Mitarbeitende nutzen, um sich weiterzubilden, neue digitale Kompetenzen zu entwickeln und aktiv an der digitalen Transformation der Kanzlei mitzuwirken.

Das fördert nicht nur das persönliche Wachstum, sondern sorgt auch für ein Gefühl der Wertschätzung: Statt ständig hinter neuen Entwicklungen herzulaufen, sind die Mitarbeitenden vorne mit dabei – sie gestalten aktiv mit, statt nur zu reagieren.

10.4 Erfolgsgeschichten intelligenter Digitalisierung

Einige Kanzleien haben den Weg der Digitalisierung bereits erfolgreich beschritten und dabei beeindruckende Ergebnisse erzielt. Dabei können Verbesserungen auf verschiedenen Ebenen erzielt werden. In der klassischen Leistungserstellung wie der Finanz- und Lohnbuchhaltung oder in der Jahresabschlusserstellung gelang es beispielsweise einer Kanzlei, durch konsequente Automatisierung der Belegverarbeitung bis zu 50 Prozent Arbeitszeit in einzelnen Finanzbuchhaltungen einzusparen. Aber auch abseits der klassischen Leistungserstellungsprozesse haben Kanzleien beispielsweise durch die digitale Gestaltung des Onboarding Prozesses Zeiten deutlich reduzieren und Prozesse verschlanken können. Eine andere Kanzlei konnte durch die Einführung digitaler

Beratungsformate und automatisierter Routineprozesse ihr Mandantenportfolio deutlich erweitern, ohne dabei den Personalbestand zu erhöhen. Diese Erfolgsgeschichten zeigen, wie Digitalisierung nicht nur die Effizienz, sondern auch Wachstum und Wettbewerbsfähigkeit fördert.

10.5 Auswirkungen auf die Kanzleikultur

Der digitale Wandel wirkt sich nachhaltig auf die Kultur innerhalb einer Steuerkanzlei aus. Traditionelle Hierarchien und isoliertes Arbeiten gehören zunehmend der Vergangenheit an, stattdessen etabliert sich eine offenere, kommunikativere Arbeitsweise. Digitale Tools wie Microsoft Teams, Loop oder SharePoint fördern die Transparenz und erleichtern die Zusammenarbeit, wodurch ein stärkeres Gemeinschaftsgefühl entsteht. Gleichzeitig verändert sich auch die Führungsrolle: Vorgesetzte sind weniger Kontrollinstanzen als vielmehr unterstützende Coaches, die Mitarbeitenden Freiräume für eigenverantwortliches und kreatives Arbeiten bieten. Die erfolgreiche Führung eines Remote-Teams erfordert dabei einen bewussten Wandel im Führungsstil. Klare Kommunikations-strukturen – etwa feste Kanäle für bestimmte Anliegen – helfen, Missverständnisse zu vermeiden und Abläufe effizient zu gestalten. Vertrauensbildung steht im Mittelpunkt: Führungskräfte müssen ihren Mitarbeitenden zutrauen, eigenverantwortlich zu arbeiten, und ihnen dafür die nötigen Freiräume einräumen. Gleichzeitig gewinnen regelmäßige, strukturierte Meetings an Bedeutung, um Ziele abzustimmen, Ergebnisse sichtbar zu machen und den Teamzusammenhalt zu stärken.

Gerade in der digitalen Zusammenarbeit ist es wichtig, gesunde Grenzen zu setzen. Die ständige Verfügbarkeit darf nicht zur Erwartungshaltung werden – stattdessen braucht es klare Regeln für Erreichbarkeit und Pausenzeiten, um die Work-Life-Balance zu schützen. Auch Feedbackprozesse müssen neu gedacht werden: Regelmäßiges, konstruktives Feedback hilft Mitarbeitenden, sich im digitalen Umfeld sicher zu bewegen und kontinuierlich weiterzuentwickeln.

Moderne Tools wie Microsoft Teams, Planner oder Forms unterstützen diesen Kulturwandel ganz praktisch: Sie ermöglichen ein transparentes Aufgabenmanagement, schnelle Rückmeldungen und eine kollaborative Zusammenarbeit, selbst über Distanzen hinweg. Auf diese Weise entsteht eine neue Art des Miteinanders – geprägt von Offenheit, Vertrauen und gegenseitiger Unterstützung – die letztlich nicht nur das Team stärkt, sondern auch die Qualität der Arbeit verbessert.

10.6 Wettbewerbsvorteile durch digitale Positionierung

Eine konsequente digitale Ausrichtung ist längst mehr als ein Nice-to-have – sie ist ein echter Differenzierungsfaktor im Wettbewerb der Steuerkanzleien. Mandanten erwarten heute digitale Erreichbarkeit, unkomplizierte Prozesse und zeitnahe Reaktionen. Wer diesen Erwartungen gerecht wird, hebt sich nicht nur von weniger fortschrittlichen Kanzleien ab, sondern stärkt auch die eigene Marktposition. Dabei geht es nicht allein um den Einsatz digitaler Werkzeuge, sondern um ein ganzheitliches digitales Selbstverständnis, das sich im gesamten Kanzleiauftritt widerspiegelt. Digitale Kanzleien können ihren Service weit über den lokalen Wirkungskreis hinaus anbieten. Sie sind in der Lage, überregionale oder sogar bundesweite Mandate zu betreuen, ohne dass physische Präsenz eine Rolle spielt. Das erweitert die potenzielle Zielgruppe erheblich – insbesondere in Zeiten, in denen viele Unternehmen digital affine Berater bevorzugen. Wer seine digitalen Prozesse zudem klar und authentisch kommuniziert, positioniert sich als innovativer und zukunftsfähiger Anbieter und erhöht die Attraktivität für Mandanten, die strategische Unterstützung auf Augenhöhe suchen.

Technologien wie Microsoft Fabric heben die digitale Positionierung dabei auf ein neues Niveau. Die Plattform ermöglicht es, sämtliche Kanzlei- und Mandantendaten zentral zu konsolidieren und in strukturierter Form verfügbar zu machen. Auf dieser einheitlichen Datenbasis lassen sich nicht nur interne Prozesse automatisieren und optimieren – sie bildet zugleich die Grundlage für neue, datengetriebene Dienstleistungen. Individualisierte Dashboards, KI-gestützte Liquiditätsanalysen oder intelligente Branchenvergleiche können Mandanten über Self-Service-Portale bereitgestellt werden – jederzeit abrufbar, verständlich aufbereitet und auf ihre spezifischen Bedürfnisse zugeschnitten. Diese digitalen Mehrwertleistungen stärken nicht nur die Mandantenbindung, sondern eröffnen zugleich neue Einnahmequellen. Erweiterte Reporting-Pakete, skalierbare Service-Bausteine oder personalisierte Auswertungen lassen sich als Zusatzangebote vermarkten – zum Beispiel über ein gestaffeltes Preismodell im Webshop oder als Teil eines Beratungsabonnements. So wird aus einer klassischen Steuerkanzlei ein moderner Daten- und Beratungspartner, der nicht nur abrechnet, sondern gestaltet, vordenkt und strategischen Mehrwert liefert.

Die Wirkung dieser digitalen Transformation ist dreifach:

1. Mandanten profitieren von besseren, schnelleren und individuelleren Informationen – jederzeit verfügbar, datenbasiert und auf ihre Geschäftsprozesse zugeschnitten.

2. Mitarbeitende arbeiten mit modernen Werkzeugen, klaren Prozessen und nachvollziehbaren Datenstrukturen – was nicht nur die Effizienz steigert, sondern auch die Zufriedenheit im Team erhöht.

3. Die Kanzlei selbst erschließt neue Ertragsfelder jenseits der klassischen Steuerberatung – und positioniert sich als innovativer Partner mit echtem strategischem Vorteil im Markt.

In der Summe entsteht eine digitale Kanzlei, die nicht nur zukunftssicher aufgestellt ist, sondern aktiv den Wandel der Branche mitgestaltet – als First Mover, Impulsgeber und vertrauensvoller Begleiter ihrer Mandanten im digitalen Zeitalter.

11 Rechtliche Aspekte

Die digitale Transformation der Steuerkanzlei eröffnet neue Chancen – und stellt uns gleichzeitig vor neue rechtliche Herausforderungen. Wer moderne Technologien wie Cloudsysteme, Automatisierung und Künstliche Intelligenz einsetzt, bewegt sich in einem komplexen Geflecht aus Datenschutz, Urheberrecht und regulatorischen Pflichten. In diesem Kapitel beleuchte ich, welche rechtlichen Rahmenbedingungen für digital arbeitende Kanzleien heute relevant sind – und wie wir sie nicht nur erfüllen, sondern aktiv in unsere Kanzleistrategie integrieren können.

11.1 Datenschutz und DSGVO

Der Schutz personenbezogener Daten ist ein zentrales Element der Berufsausübung in Steuerkanzleien. Schon bevor Begriffe wie „digitale Transformation“ oder „Künstliche Intelligenz“ die Arbeitsweise verändert haben, war der Umgang mit sensiblen

Informationen – von Steuerbescheiden bis zu Gesundheitsdaten – mit hohen rechtlichen Anforderungen verbunden. Die Datenschutz-Grundverordnung (DSGVO) hat diese Anforderungen weiter konkretisiert und vereinheitlicht – und sie zugleich in den Mittelpunkt der digitalen Kanzleientwicklung gerückt.

Mit der zunehmenden Digitalisierung der Kanzleiprozesse wächst die Komplexität datenschutzrechtlicher Fragestellungen erheblich. Wo früher Papierakten mit klarer Zugriffskontrolle existierten, entstehen heute digitale Workflows, Cloudanbindungen und automatisierte Analysen. Das ist nicht nur ein Fortschritt, sondern verlangt auch eine neue Form der Datenverantwortung. Datenschutz darf nicht als Kontrollinstrument verstanden werden, sondern muss integraler Bestandteil der digitalen Kanzleistrategie sein.
Die digitale Steuerkanzlei lebt von Automatisierung, Schnittstellen und ortsunabhängiger Zusammenarbeit. Doch genau hier entstehen neue Risiken: Wer greift wann auf welche Daten zu? Wie werden Mandantendaten verarbeitet, übertragen oder analysiert – und durch wen? Besonders brisant wird die Lage, wenn Mitarbeitende beginnen, externe KI-Systeme wie ChatGPT im Arbeitsalltag zu verwenden, ohne dass es dafür eine interne Richtlinie gibt.

In der Praxis bedeutet das: Eine Fachangestellte kopiert zur besseren Erklärung ein komplexes Mandantenschreiben oder einen Betriebsprüfungsbericht in ChatGPT, um eine kurze Zusammenfassung zu erhalten. Was sie nicht bedenkt: Dabei werden personenbezogene Daten an einen US-amerikanischen Dienstleister übermittelt – unter Umständen ohne Rechtsgrundlage, ohne Prüfung der Weiterverarbeitung, ohne Protokollierung. Dieses Phänomen, oft als „Schatten-KI“ bezeichnet, ist einer der größten blinden Flecken in vielen

Kanzleien. Es unterläuft die eigene Compliance, ohne dass es sofort sichtbar wird. Der erste Schritt zur Lösung besteht darin, klare Regeln zu definieren: Welche Tools dürfen genutzt werden? Was darf mit Dritten geteilt werden – und was nicht? Welche datenschutzkonformen Alternativen stellt die Kanzlei zur Verfügung? Neben technischen Maßnahmen (z. B. Sperrung bestimmter Dienste) sind vor allem Schulungen und Sensibilisierung entscheidend. Nur wer die datenschutzrechtlichen Risiken versteht, kann im Alltag richtig handeln.

Ein zentrales Element vieler digital arbeitender Kanzleien ist Microsoft 365. Ob für E-Mail, Kollaboration, Dateiablage oder Besprechungen – die Cloudplattform von Microsoft ist tief in den Arbeitsalltag integriert. Lange war der Tenor aus datenschutzrechtlicher Sicht: Die Nutzung sei kaum DSGVO-konform möglich. Stellungnahmen der Datenschutzkonferenz (DSK) wiesen auf Datenübermittlungen in Drittstaaten, intransparente Verarbeitungsprozesse und die unklare Rolle von Microsoft als Auftragsverarbeiter hin.

Diese Einschätzung war jedoch – bei aller berechtigten Kritik – auch Ausdruck des damaligen technischen Standes. Inzwischen hat sich viel verändert: Microsoft hat mit der Einführung der EU Data Boundary zugesichert, die Datenverarbeitung für EU-Kunden grundsätzlich innerhalb der Union durchzuführen. Der überarbeitete Datenschutznachtrag enthält differenzierte Regelungen zur Rolle Microsofts als Auftragsverarbeiter. Zudem bieten die vielfältigen Konfigurationsmöglichkeiten von M365 heute die Chance, das System auf die individuellen Bedürfnisse und Compliance-Anforderungen einer Kanzlei anzupassen.

Die Schweizer Kanzlei Vischer etwa weist darauf hin, dass durch zusätzliche Vertragszusätze, die Microsoft standardisiert für

Geschäftskunden anbietet, auch in sensiblen Branchen wie Finanzdienstleistungen oder der öffentlichen Verwaltung ein datenschutzkonformer Einsatz möglich ist. Wichtig ist dabei, dass die rechtliche Verantwortung nicht bei Microsoft liegt – sondern bei der nutzenden Kanzlei. Eine fundierte Datenschutz-Folgenabschätzung (DSFA) kann hier nicht nur gesetzliche Pflichten erfüllen, sondern strukturiert die Risiken aufzeigen, Klarheit schaffen und Transparenz vermitteln.

Aus der Praxis: Eine Kanzlei prüfte im Rahmen einer DSFA ihre Microsoft-365-Nutzung – insbesondere hinsichtlich Outlook, OneDrive und Teams. Dabei wurden zahlreiche Voreinstellungen angepasst: Diagnosedaten und Telemetrie wurden deaktiviert, verbundene Erfahrungen eingeschränkt, das Berechtigungskonzept überarbeitet. Besonders sensible Daten – etwa im Rahmen von Lohnabrechnungen – wurden zusätzlich verschlüsselt gespeichert. Am Ende stand eine belastbare Dokumentation, die nicht nur gegenüber der Aufsichtsbehörde, sondern auch gegenüber Mandanten Vertrauen schafft.

Kurzum: Der datenschutzkonforme Einsatz von Microsoft 365 ist keine Frage von Schwarz oder Weiß. Wer sich mit der Technik auskennt (das gilt auch für Datenschutzbeauftragte) und auseinandersetzt, klare Prozesse etabliert und die eigene Konfiguration regelmäßig überprüft, kann die Plattform sicher nutzen – selbst in einer Branche, in der Vertraulichkeit oberstes Gebot ist.

11.2 EU AI Act

Die EU hat mit dem EU AI Act, auch KI-VO genannt, erstmals ein EU weit einheitliches Regelwerk zur Regulierung von Künstlicher Intelligenz geschaffen. Auch wenn sich der Fokus vordergründig auf Hochrisikosysteme in Medizin, Bildung oder kritischer

Infrastruktur richtet, betrifft die Verordnung in ihrer Breite auch Steuerkanzleien – und zwar dort, wo KI zur Unterstützung von Entscheidungen, in der Kommunikation mit Mandanten oder zur Automatisierung interner Prozesse eingesetzt wird. Der EU AI Act bringt neue Transparenz-, Schulungs- und Dokumentationspflichten mit sich – und eröffnet gleichzeitig einen rechtssicheren Rahmen für den verantwortungsvollen Umgang mit KI.

In Kanzleien sind KI-Anwendungen längst Realität: Chatbots beantworten Rückfragen zu Steuerbescheiden, Dokumentenanalyse-Tools erkennen buchhalterische Auffälligkeiten, KI-gestützte Sprachmodelle formulieren Entwürfe für Mandantenschreiben. Diese Tools gelten meist als „begrenzte Risikosysteme", da sie nicht autonom entscheiden, sondern unterstützend wirken. Doch genau hier greift der EU AI Act – mit Anforderungen, die in der Praxis relevant werden.

Ein Beispiel: Eine Kanzlei nutzt ein System, das Belege nicht nur ausliest, sondern auch kontiert. Die Entscheidung erfolgt automatisiert, auf Grundlage eines KI-Modells, das anhand vergangener Daten trainiert wurde. Die Mitarbeitenden prüfen die Vorschläge, greifen aber meist nicht ein. Solche Systeme unterliegen künftig Transparenzpflichten: Mandanten müssen wissen, dass KI involviert ist. Kanzleien müssen dokumentieren, wie die Entscheidungen zustande kommen – und Mitarbeitenden eine Möglichkeit geben, die KI-Logik zu übersteuern. Ein zentrales Anliegen des EU AI Act ist die Nachvollziehbarkeit von KI-gestützten Entscheidungen. Steuerkanzleien sind daher gut beraten, technische Dokumentationen zu führen – auch für „einfache" Anwendungen wie Chatbots. Dazu gehören etwa Informationen über die Datenquellen, die für das Training genutzt wurden, Beschreibungen der Systemfunktionen und

Entscheidungslogiken und Darstellungen der eingebauten Kontrollmechanismen und Risikominimierungen.

Diese Dokumentation ist kein bürokratischer Selbstzweck, sondern hilft dabei, das Vertrauen in die eigenen digitalen Prozesse zu stärken – gerade in einer Branche, in der Mandanten nachvollziehbare, verlässliche Entscheidungen erwarten. Besonders relevant für Kanzleien ist Artikel 4 des EU AI Act: Er verpflichtet Anbieter und Betreiber von KI-Systemen dazu, ein angemessenes Kompetenzniveau ihrer Mitarbeitenden sicherzustellen. Anders gesagt: Wer KI in der Kanzlei einsetzt, muss sicherstellen, dass die Mitarbeitenden verstehen, wie sie funktioniert, welche Risiken bestehen und wie sie verantwortlich eingesetzt wird.

In der Praxis bedeutet das: Nicht nur Steuerfachangestellte, die mit KI-Systemen arbeiten, brauchen gezielte Schulungen. Diese sollten nicht nur technische Grundlagen vermitteln, sondern auch ethische und rechtliche Aspekte beleuchten – etwa was bei automatisierten Vorschlägen für die Steuererklärung zu beachten ist oder wie man mit fehlerhaften KI-Ausgaben umgeht. Erste Fortbildungsangebote zu „AI Literacy" speziell für Kanzleien entstehen bereits – auch Anbieter wie Microsoft, Haufe, DATEV oder L1 Datenschutz beginnen, entsprechende Inhalte bereitzustellen.

Der EU AI Act sieht eine Einteilung von KI-Systemen in vier Risikoklassen vor: inakzeptables, hohes, begrenztes und minimales Risiko. Steuerkanzleien arbeiten in der Regel mit Systemen im begrenzten Risikobereich – etwa Chatbots oder Assistenzsystemen für die Textverarbeitung. Auch hier sind bestimmte Pflichten zu erfüllen: Nutzer müssen klar darüber informiert werden, dass sie mit einem KI-System interagieren, und es muss eine einfache

Möglichkeit geben, die Interaktion abzubrechen. Gerade bei Systemen, die potenziell inhaltliche Entscheidungen treffen – etwa Vorschläge zur steuerlichen Einordnung von Geschäftsvorfällen – kann je nach Einsatzkontext auch ein höheres Risiko bestehen. Hier empfiehlt sich eine vorab dokumentierte Risikoanalyse: Welche Entscheidungen trifft das System? Welche Daten werden genutzt? Wer kontrolliert die Ergebnisse? All das sollte in der Kanzlei festgehalten und regelmäßig überprüft werden.

Checklisten zur KI-Konformität nach dem EU AI Act sind hier ein wertvolles Werkzeug zum Einstieg: Sie erlauben eine strukturierte Prüfung, ob ein KI-System den Anforderungen des EU AI Acts entspricht – von der Risikobewertung über die Transparenzmaßnahmen bis zur technischen Dokumentation. Der EU AI Act ist kein „Angstmacher", sondern ein Regelwerk, das den Rahmen für den vertrauensvollen und sicheren Einsatz von Künstlicher Intelligenz in der Steuerberatung schafft. Er zwingt Kanzleien, sich mit den eingesetzten Tools bewusst auseinanderzusetzen, interne Zuständigkeiten zu klären und Verantwortung zu übernehmen. Wer diesen Prozess aktiv gestaltet, wird nicht nur rechtskonform, sondern auch zukunftsfähig arbeiten – und das Vertrauen der Mandanten in digitale Beratung weiter stärken.

11.3 Datenschutzbeauftragter – Pflicht oder Kür?

Die Frage, ob eine Steuerkanzlei einen Datenschutzbeauftragten benennen muss, ist mehr als eine reine Formalie – sie betrifft unmittelbar die Verantwortung für den Schutz sensibler Mandantendaten im digitalen Alltag. Oft wird die Rolle des Datenschutzbeauftragten mit Aufsicht, Bürokratie oder „Datenschutzbremse" gleichgesetzt. Tatsächlich aber erfüllt er eine zentrale Funktion: Er schafft Klarheit im Umgang mit personenbezogenen Daten, unterstützt bei der Einhaltung gesetzlicher Vorgaben und hilft, Haftungsrisiken zu minimieren – gerade dann, wenn digitale Prozesse, Cloudlösungen oder KI-Anwendungen zum Einsatz kommen.

Seit einer Gesetzesänderung im November 2019 gilt in Deutschland eine neue Schwelle: Ein Datenschutzbeauftragter muss benannt werden, wenn in der Regel mindestens 20 Personen ständig mit der automatisierten Verarbeitung personenbezogener Daten beschäftigt sind. Diese Grenze lag zuvor bei zehn Mitarbeitenden. Maßgeblich ist nicht die Gesamtgröße der Kanzlei, sondern die Anzahl der Personen, die regelmäßig mit digitalen Mandantendaten arbeiten – etwa Steuerfachangestellte, Lohnsachbearbeiter oder Empfangskräfte mit Systemzugriff. Für kleinere Kanzleien bedeutet das zunächst Erleichterung: Wer mit einem Team von unter zwanzig Personen arbeitet, muss formell keinen Datenschutzbeauftragten benennen – sofern keine weiteren besonderen Umstände vorliegen. Doch genau hier beginnt die Grauzone. Denn unabhängig von der Teamgröße kann eine Bestellpflicht dennoch bestehen, wenn besonders sensible Daten in größerem Umfang verarbeitet werden, etwa im Rahmen der Lohnabrechnung, bei Ärztemandaten oder durch den Einsatz von KI-gestützten Systemen. Auch eine durchzuführende Datenschutz-Folgenabschätzung – etwa bei der Einführung neuer Software oder Cloudlösungen – kann die Pflicht zur Benennung auslösen.

In der Praxis zeigt sich: Viele Kanzleien unterschreiten zwar formal die 20-Personen-Grenze, bewegen sich aber dennoch in einem datenschutzrechtlich hochsensiblen Umfeld. Hier empfiehlt sich die freiwillige Bestellung eines externen Datenschutzbeauftragten – nicht nur zur Erfüllung rechtlicher Anforderungen, sondern auch als Zeichen für einen professionellen, verantwortungsvollen Umgang mit Mandantendaten. Gerade in digitalen Kanzleien, die auf Automatisierung, Cloud und künstliche Intelligenz setzen, bietet ein externer DSB, der die Besonderheiten der Datenflüsse in Steuerkanzleien kennt, wertvolle Unterstützung: bei der Dokumentation, bei der Schulung von Mitarbeitenden, bei der Gestaltung datenschutzkonformer Prozesse – und nicht zuletzt bei der Kommunikation gegenüber Mandanten und Behörden.

Wer Datenschutz nicht als notwendiges Übel, sondern als Teil der eigenen digitalisierten Qualitätsstrategie begreift, schafft Vertrauen – intern wie extern. Besonders dann, wenn der externe Datenschutzbeauftragte nicht nur datenschutzrechtliche Expertise, sondern auch steuerliches Fach- und Prozesswissen mitbringt, wird aus der gesetzlichen Pflicht eine echte Chance: Die Analyse datenschutzrelevanter Datenflüsse kann sich eng am Lebenszyklus des Mandats orientieren – vom Erstkontakt über die Belegverarbeitung bis zur Archivierung und des Offboardings – und dadurch den Ausgangspunkt für eine systematische Prozessanalyse und Digitalisierung der Kanzlei bilden. Gerade an dieser Schnittstelle zwischen Datenschutz und Kanzleientwicklung entscheidet sich, ob der Datenschutzbeauftragte als zusätzlicher Aufwand empfunden wird – oder als strategischer Impulsgeber. Die Wahl des richtigen Datenschutzbeauftragten ist damit keine bloße Formalie, sondern eine Weichenstellung für die Zukunftsfähigkeit der Kanzlei.

11.4 Urheberrecht

Neben Datenschutz und Compliance wird auch das Urheberrecht zu einem zunehmend relevantem Thema beim Einsatz von Künstlicher Intelligenz in Steuerkanzleien. Immer häufiger unterstützen KI-gestützte Systeme das Tagesgeschäft – sei es durch das Erstellen von Textbausteinen, das Zusammenfassen juristischer Texte, das Verfassen von E-Mails oder durch die Aufbereitung von Präsentationen. Doch wer ist eigentlich Urheber solcher Inhalte? Und dürfen diese Inhalte ohne Weiteres weiterverwendet, angepasst oder veröffentlicht werden? Nach derzeit geltender Rechtslage gilt: Künstliche Intelligenz kann kein Urheber sein. Urheberrecht setzt menschliche Schöpfung voraus. Inhalte, die ausschließlich von einem KI-System erzeugt wurden, gelten deshalb als „schutzlos“ – es sei denn, sie wurden so stark durch menschliche Kreativität geprägt, dass sie als „menschliche Werke“ gelten.

Für die Praxis in der Kanzlei bedeutet das zunächst: Ein von ChatGPT oder Copilot erstellter Textentwurf für ein Mandantenschreiben oder ein Gutachten unterliegt in der Regel keinem Urheberrecht – weder zu Gunsten der KI noch zu Gunsten der Kanzlei, sofern der Mitarbeitende den Text unbearbeitet übernimmt. Diese Tatsache kann Vor- und Nachteile haben: Einerseits dürfen solche Inhalte frei genutzt werden, andererseits genießen sie aber auch keinen urheberrechtlichen Schutz vor Nachahmung durch Dritte.

Entscheidend ist daher, dass KI-unterstützte Inhalte nicht ungeprüft verwendet werden. Sie sollten in der Kanzlei grundsätzlich als Entwürfe behandelt werden, die durch menschliche Bearbeitung – stilistisch, fachlich und inhaltlich – überarbeitet und finalisiert werden. Nur so entsteht ein schützenswertes Werk, das den Anforderungen an die eigene Qualität und Professionalität entspricht. Wirklich kritisch wird es, wenn KI-Systeme urheberrechtlich geschützte Werke Dritter in ihre Antworten einarbeiten – etwa durch das Zitieren fremder Texte oder durch das Verwenden von Formulierungen, die aus öffentlich zugänglichen Quellen stammen. Das ist insbesondere bei generativen Sprachmodellen wie ChatGPT oder Claude nicht auszuschließen, deren Trainingsdaten auf riesigen Mengen öffentlich zugänglicher Inhalte basieren. Auch wenn diese Datenmengen nicht direkt kopiert, sondern statistisch verarbeitet werden, können sich Überschneidungen ergeben.

Ein Beispiel aus der Praxis: Eine Kanzlei nutzt ein KI-Tool zur Erstellung von Texten für ihre Website. Der generierte Inhalt enthält – ohne Kenntnis der Kanzlei – Passagen aus einem Fachaufsatz, der unter Urheberrechtsschutz steht. Wird dieser Text veröffentlicht, kann das eine Urheberrechtsverletzung darstellen – mit möglichen Folgen wie Abmahnung, Schadensersatzforderungen und Reputationsschäden. Die Lösung liegt in der sorgfältigen Prüfung und Nachbearbeitung generierter Inhalte. Es ist ratsam, sensible Texte durch Plagiatssoftware oder manuelle Kontrolle zu prüfen, insbesondere dann, wenn sie veröffentlicht oder Dritten zur Verfügung gestellt werden. Auch klare Richtlinien zum Umgang mit KI-generierten Inhalten – etwa im Rahmen einer „KI-Policy“ – helfen, Haftungsrisiken zu vermeiden.

Ein weiterer wichtiger Punkt betrifft die Lizenzbedingungen der KI-Dienstleister. Die großen Anbieter wie OpenAI, Microsoft oder Google regeln in ihren Allgemeinen Geschäftsbedingungen (AGB) und Nutzungsbedingungen, wer welche Rechte an den generierten Inhalten hat. In vielen Fällen werden den Nutzern umfassende Nutzungsrechte eingeräumt – aber eben nicht exklusiv. Das heißt: Ein von einer Kanzlei generierter Text kann theoretisch auch von anderen Nutzern erzeugt oder verwendet werden, sofern keine individuelle Vereinbarung besteht. Für Kanzleien mit einem besonderen Interesse an exklusivem Content – etwa für Marketingzwecke oder Fachveröffentlichungen – ist das ein Aspekt, der nicht vernachlässigt werden darf. Wer Sicherheit will, muss entweder auf lokal betriebene Systeme mit eigenen

Trainingsdaten zurückgreifen oder mit Dienstleistern arbeiten, die Exklusivität garantieren.

Schließlich stellt sich auch die umgekehrte Frage: Was passiert, wenn Mandanten Inhalte durch KI erzeugen lassen und diese der Kanzlei übermitteln – etwa im Rahmen einer E-Mail, als Entwurf für einen Vertrag oder als betriebliche Unterlage? Auch hier gelten die gleichen urheberrechtlichen Überlegungen: Ohne menschliche Prägung kein Urheberrecht. Für die Verarbeitung in der Kanzlei spielt das meist keine direkte Rolle – wohl aber, wenn solche Inhalte weiterverwendet oder öffentlich gemacht werden sollen. Wichtig ist auch hier eine klare Kommunikation mit dem Mandanten: Wenn Inhalte durch KI erzeugt wurden, sollte das offengelegt werden. Nur so kann eine sachgerechte Beurteilung erfolgen – auch im Hinblick auf urheberrechtliche, steuerliche oder haftungsrechtliche Fragen.

Der Einsatz von KI in der Kanzlei wirft neue urheberrechtliche Fragestellungen auf, die bislang kaum gesetzlich geregelt sind. Derzeit gilt: KI kann kein Urheber sein, aber KI kann sehr wohl urheberrechtliche Risiken erzeugen – insbesondere dann, wenn Inhalte ohne Prüfung übernommen und veröffentlicht werden. Kanzleien sollten daher eine verantwortungsvolle Praxis entwickeln: Inhalte prüfen, nachbearbeiten, dokumentieren – und klare Regeln für den Umgang mit KI-Texten aufstellen. Wer das beachtet, kann die Vorteile generativer KI-Systeme nutzen, ohne rechtlich ins Stolpern zu geraten.

12 Herausforderungen und Risiken

Die digitale Transformation eröffnet Steuerkanzleien enorme Chancen – sie verspricht effizientere Prozesse, bessere

Mandantenkommunikation und neue Geschäftsmodelle. Doch mit jedem digitalen Fortschritt entstehen auch neue Abhängigkeiten, Anforderungen und Risiken. Wer Digitalisierung ernst nimmt, muss sich auch mit den Schattenseiten befassen: IT-Sicherheit, Systemstabilität und der menschliche Faktor rücken in den Fokus.

In diesem Kapitel geht es um genau diese Herausforderungen. Es zeigt, warum IT-Sicherheit kein Randthema ist, sondern zur Grundvoraussetzung für Vertrauen und Stabilität wird. Es beleuchtet die Bedeutung eines professionellen IT-Betriebs – nicht als einmalige Aufgabe, sondern als Daueraufgabe im digitalen Alltag. Und es macht deutlich, dass technologische Veränderung ohne kulturellen Wandel zum Scheitern verurteilt ist. Denn die größte Herausforderung der Digitalisierung ist nicht die Technik – sondern der Umgang mit ihr.

12.1 IT-Sicherheit

Die Digitalisierung von Steuerkanzleien bringt viele Chancen mit sich – aber sie eröffnet auch neue Angriffsflächen. Gerade weil wir mit hochsensiblen Daten arbeiten, steht IT-Sicherheit ganz oben auf der Agenda. Es geht dabei längst nicht mehr um einfache Backups wie vor ein paar Jahren. Der klassische Festplattencrash ist nicht mehr das Hauptproblem. Viel bedrohlicher ist heute die wachsende Gefahr von Cyberangriffen.

Phishing-E-Mails, gefälschte Webseiten, Ransomware, Datenlecks durch schlechte Systemkonfigurationen oder schlicht menschliche Fehler – all das sind Risiken, die uns täglich begegnen können. Und es sind nicht nur externe Angriffe. Auch unachtsame oder absichtlich handelnde Mitarbeitende können zur Gefahr werden. Wer diese Risiken ignoriert, spielt mit dem Vertrauen der Mandanten – und mit der eigenen Existenz. Technisch muss heute ein belastbares Sicherheitskonzept (be)stehen: Firewalls, aktuelle

Virenschutzlösungen, durchgängige Verschlüsselung und zwingend Zwei-Faktor-Authentifizierung (2FA). System- und Softwareupdates gehören zur Pflicht – ebenso regelmäßige Backups. Aber auch organisatorisch muss Sicherheit gelebt werden: Schulungen für alle Mitarbeitenden, klare Sicherheitsrichtlinien, konsequentes Zugriffsmanagement. Ein Notfallplan ist ebenso Pflicht wie ein durchdachtes Disaster-Recovery-Konzept – mit klaren Verantwortlichkeiten, getesteten Abläufen und definierten Wiederherstellungszielen (RTO und RPO). Nur wer im Ernstfall vorbereitet ist, bleibt handlungsfähig.

Gleichzeitig gilt: IT-Sicherheit ist kein Projekt mit Enddatum, sondern ein kontinuierlicher Prozess. DSGVO, BDSG und § 203 StGB setzen dabei den rechtlichen Rahmen – und der verändert sich genauso dynamisch wie die technischen Bedrohungen. Auch der Einsatz von KI zur Bedrohungserkennung ist längst keine Science-Fiction mehr.

Microsoft bietet ein umfassendes Portfolio an Sicherheitslösungen, das speziell auf den Schutz von Identitäten, Endgeräten, E-Mails und Cloud-Infrastrukturen ausgelegt ist. Zu den zentralen Komponenten zählen unter anderem Microsoft Defender for Endpoint, Defender for Office 365, Defender for Identity sowie Entra ID Protection und Microsoft Sentinel als leistungsstarkes SIEM-System. Ergänzt werden diese durch Funktionen wie Multifaktor-Authentifizierung, Conditional Access, Data Loss Prevention (DLP) und Information Protection über Microsoft Purview. Ein vollständiger Überblick über die Möglichkeiten, Kombinationen und Einsatzstrategien dieser Tools würde den Rahmen dieses Buches sprengen.

Wie ernst die Lage ist, zeigen aktuelle Zahlen: Über 30.000 Unternehmen wurden laut BSI allein 2024 Opfer von Ransomware

– durchschnittlicher Schaden pro Fall: 150.000 Euro. Und auch Datenschutzverstöße kosten – ein Unternehmen zahlte kürzlich mehrere hunderttausend Euro Strafe wegen eines Datenlecks. Die Folge: Reputationsverlust, Kundenabwanderung, Unsicherheit.

Für Kanzleien ist klar: IT-Sicherheit ist kein optionales Thema. Sie ist gesetzliche Pflicht, wirtschaftliche Notwendigkeit und strategischer Wettbewerbsvorteil. Auch hier bietet Microsoft umfassende Lösungen in der Cloud.

12.2 Wartung und Betrieb

Im Zentrum vieler Digitalisierungsinitiativen steht häufig die Einführung neuer Technologien. Was dabei jedoch oft unterschätzt wird: Die wahre Herausforderung beginnt erst nach der Implementierung. Denn ohne einen reibungslos funktionierenden und kontinuierlich gewarteten IT-Betrieb lassen sich weder Effizienzgewinne noch Sicherheitsvorteile nachhaltig realisieren.

Ein elementarer Baustein ist die regelmäßige Aktualisierung aller eingesetzten Systeme. Updates sind weit mehr als nur lästige Pflicht – sie schließen bekannte Sicherheitslücken, beheben Fehler und verbessern die Stabilität. Gerade in einer Kanzlei, in der tagtäglich mit hochsensiblen Daten gearbeitet wird, ist es zwingend erforderlich, dass alle Systeme auf dem aktuellen Stand gehalten werden. Vernachlässigte Updates führen nicht nur zu Sicherheitsrisiken, sondern schnell auch zu Inkompatibilitäten zwischen Anwendungen – mit potenziell gravierenden Folgen für den Arbeitsablauf. Auch das Monitoring der IT-Infrastruktur darf nicht fehlen. Moderne Tools helfen dabei, Probleme frühzeitig zu erkennen – noch bevor sie den Kanzleialltag stören. Ob Engpässe in der Serverleistung oder verdächtige Netzwerkaktivitäten: Ein funktionierendes Überwachungssystem ist heute unverzichtbar.

Große Cloud-Anbieter wie Microsoft bieten hier bereits integrierte Lösungen, z. B. in der Azure-Umgebung.

Und obwohl das Thema Backup im Zuge der Cloud zunehmend in den Hintergrund gerät, bleibt es unverzichtbar. Regelmäßige Sicherungen – sowohl lokal als auch in der Cloud – sind essenziell, um im Fall eines Angriffs oder Systemausfalls den Datenverlust zu minimieren. Wichtig: Die Backup-Strategie muss nicht nur definiert, sondern regelmäßig getestet werden. Disaster Recovery darf kein theoretisches Konzept bleiben – es muss im Ernstfall funktionieren.

Auch die Hardware sollte bei aller Cloud-Euphorie nicht vergessen werden. Veraltete Geräte sind nicht nur ein Produktivitätskiller, sondern oft auch ein Einfallstor für Sicherheitsprobleme. Technologien wie das Trusted Platform Module (TPM) verdeutlichen das. TPM ist ein Sicherheitschip, der kryptografische Funktionen bereitstellt – zum Beispiel zur sicheren Speicherung von Schlüsseln oder Passwörtern. Besonders unter Windows hat TPM stark an Bedeutung gewonnen. So ist TPM 2.0 etwa Voraussetzung für den Betrieb von Windows 11 und vielen Sicherheitsfunktionen wie BitLocker oder die Integritätsprüfung beim Systemstart. Um diese Funktionen nutzen zu können, muss die Hardware bestimmte Voraussetzungen erfüllen: Ein TPM-Chip muss vorhanden, aktiviert und vom System unterstützt sein. Ältere Geräte ohne TPM oder mit veralteten Chips sind oftmals nicht mehr kompatibel. Das zeigt: Hardwarebasierte Sicherheitslösungen gewinnen zunehmend an Relevanz. Kanzleien sollten deshalb regelmäßig prüfen, ob ihre Endgeräte, On-Premise-Server und Netzwerkinfrastruktur den aktuellen Anforderungen noch gerecht werden – und nötigenfalls rechtzeitig in neue Hardware investieren.

Neben der Technik braucht es aber auch klare Strukturen im Hintergrund. Wer ist für welche Wartung verantwortlich? Welche Aufgaben übernimmt der interne IT-Verantwortliche, was liegt beim externen Dienstleister? Ein strukturierter Wartungsplan mit klar definierten Zuständigkeiten sorgt dafür, dass nichts vergessen wird – und im Fall der Fälle alle wissen, was zu tun ist.

Entscheidend ist: Betrieb und Wartung sind keine einmaligen Maßnahmen, sondern laufende Prozesse. Die IT-Infrastruktur einer Kanzlei muss sich kontinuierlich weiterentwickeln – mit den gesetzlichen Vorgaben, mit der Technik und mit den Erwartungen der Mandanten. Nur wer diese Dynamik annimmt und systematisch pflegt, wird langfristig von der Digitalisierung profitieren und ihre Vorteile voll ausschöpfen können.

12.3 Change Management als Schlüsselfaktor

Die digitale Transformation in Steuerkanzleien ist weit mehr als ein technisches Projekt. Sie ist ein tiefgreifender Wandel, der Organisation, Arbeitsweise und vor allem die Menschen betrifft. Neue Software allein verändert keine Kanzlei – erst wenn Mitarbeitende bereit sind, neue Wege zu gehen und Führungskräfte aktiv Veränderung gestalten, kann die Transformation gelingen. Dieser Wandel ist komplex. Er betrifft die Struktur der Arbeitsabläufe, das Selbstverständnis der Mitarbeitenden und das Verhältnis zu Mandanten. Um ihn erfolgreich zu meistern, bedarf es eines systematischen Change-Managements – also eines professionell gesteuerten Veränderungsprozesses, der Vision, Kommunikation, Schulung und Kultur gleichermaßen berücksichtigt.

Veränderungen in der Kanzlei wirken immer auf mehreren Ebenen. Um die digitale Transformation ganzheitlich zu gestalten, müssen drei Dimensionen gleichermaßen beachtet werden:

- Die sachrationale Dimension umfasst die unternehmerischen Ziele – etwa die Einführung digitaler Lösungen, die Optimierung von Prozessen oder die Steigerung des Mehrwerts für Mandanten. Hier stehen Effizienz, Qualität und Wirtschaftlichkeit im Fokus.

- Die prozessorientierte Dimension betrifft das „Wie“ der Umsetzung. Erfolgreiche Veränderung braucht klare Projektstrukturen, Zeitpläne, Verantwortlichkeiten, transparente Kommunikation, verlässliches Controlling und laufende Evaluation.

- Die emotional-verhaltensorientierte Dimension ist vielleicht die wichtigste – und zugleich die am häufigsten unterschätzte. Veränderungen lösen Ängste aus. Sie stoßen auf Skepsis und Widerstand. Um diese Barrieren zu überwinden, braucht es klare Botschaften, Beteiligung, Wertschätzung und Dialog. Wer die Menschen im Veränderungsprozess verliert, verliert die Transformation.

Diese drei Dimensionen wirken zusammen. Ein Change-Projekt scheitert nicht am Fehlen von Technik – sondern am Fehlen von Klarheit, Beteiligung und Kultur. Mitarbeitende müssen nicht nur neue Tools bedienen – sie müssen die Veränderung mittragen. Das gelingt nur, wenn sie frühzeitig eingebunden werden. Beteiligung schafft Akzeptanz. Transparenz schafft Vertrauen. Kanzleien, die regelmäßig informieren, Feedback einholen und auf Sorgen eingehen, schaffen ein Klima, in dem Wandel als Chance verstanden wird – nicht als Bedrohung.

Führungskräfte spielen dabei eine Schlüsselrolle. Sie müssen nicht nur Vorgaben machen, sondern Orientierung geben, Rückhalt bieten und selbst als Vorbild handeln. Kommunikation darf kein Monolog sein, sondern muss ein echter Dialog werden.

Ein zentrales Ziel des Change-Prozesses ist der Aufbau einer digitalen DNA – also einer Haltung, in der digitale Prozesse und Technologien selbstverständlich zum Kanzleialltag gehören. Die papierlose Kanzlei, der digitale Arbeitsplatz, Cloud-Dienste oder automatisierte Prozesse sind keine Zukunftsvision mehr, sondern Realität – wenn sie bewusst und nachhaltig eingeführt werden.

Dazu gehört auch die Förderung lebenslangen Lernens. Die digitalen Werkzeuge entwickeln sich ständig weiter – und mit ihnen die Anforderungen an die Mitarbeitenden. Es braucht regelmäßige Schulungen, individuelle Lernpfade, digitale Fortbildung, aber auch die Förderung von Soft Skills wie Kommunikation, Kreativität und Problemlösung. Hochschulen, Fachverbände und Weiter-bildungsplattformen bieten hier wertvolle Impulse – entscheidend ist aber, dass die Kanzlei eine lernorientierte Kultur etabliert. Technologischer Wandel erfordert kulturellen Wandel. Eine Kanzlei, die innovativ sein will, muss Innovation zulassen – durch Räume für Experimente, durch die Bereitschaft, Fehler zu tolerieren, und durch die Offenheit gegenüber neuen Ideen. Führungskräfte sind hier nicht nur Entscheider, sondern Gestalter von Rahmenbedingungen: Sie schaffen die Voraussetzungen, unter denen Mitarbeitende sich einbringen und Neues entwickeln können. Netzwerke und Kooperationen mit anderen Kanzleien, Start-ups, Softwareanbietern oder Hochschulen können zusätzlich Impulse geben. Eine Innovationskultur ist kein Add-on, sondern Teil der digitalen DNA – sie entscheidet über die Zukunftsfähigkeit der Kanzlei.

Jede Transformation ist ein Lernprozess – und Lernen gelingt nur dort, wo Fehler erlaubt sind. Eine offene, konstruktive Fehlerkultur ist deshalb unverzichtbar. Sie unterscheidet sich grundlegend von einer Schuldzuweisungskultur. Es geht nicht darum, wer etwas falsch gemacht hat, sondern warum es passiert ist – und wie man es künftig besser machen kann. Google hat in seinem Projekt „Aristotle" gezeigt, dass psychologische Sicherheit – also das Vertrauen, auch Unvollkommenes zeigen zu dürfen – ein zentraler Erfolgsfaktor für leistungsstarke Teams ist. Kanzleien, die diesen Gedanken ernst nehmen, fördern nicht nur Innovation, sondern auch Bindung, Motivation und Qualität. Fehler sind kein Zeichen von Schwäche, sondern von Lernbereitschaft. Wer sich offen mit ihnen auseinandersetzt, wird als Kanzlei agiler, resilienter – und menschlicher.

13 Die Zukunft der Steuerberatung

Die Steuerberatung befindet sich in einem tiefgreifenden Wandel. Was früher technologische Vision war, ist heute gelebte Realität in immer mehr Kanzleien. Gleichzeitig wächst der Druck: Mandanten fordern mehr Transparenz und Geschwindigkeit, Fachkräfte werden knapper, der Wettbewerb wird globaler. Dieses Kapitel zeigt, wie sich die Branche verändert – und welche Chancen darin liegen. Es geht um technologische Trends und deren Auswirkungen auf das Berufsbild, um strategische Neupositionierung und datenbasierte Geschäftsmodelle. Und es zeigt, warum der Mensch trotz – oder gerade wegen – der Automatisierung im Zentrum bleiben muss. Die Zukunft gehört nicht den Lautesten oder Schnellsten, sondern denen, die bereit sind, sich weiterzuentwickeln – technisch, strategisch und kulturell.

13.1 Trends und Prognosen

Die Steuerberatung steht am Anfang einer neuen Ära – geprägt von Digitalisierung, Automatisierung und Künstlicher Intelligenz. Was lange als Zukunftsmusik galt, ist heute greifbare Realität: KI-Systeme erstellen Texte, analysieren Daten und übernehmen Routineaufgaben. Gleichzeitig steigen die Erwartungen der Mandanten, der Wettbewerb wird internationaler und neue Berufsbilder entstehen. Die Branche verändert sich tiefgreifend – und das in rasantem Tempo.

Bereits heute automatisieren Kanzleien standardisierte Prozesse wie Belegerkennung, Kontierung oder Lohnabrechnung. Mit der zunehmenden Verfügbarkeit von Low-Code-Plattformen und cloudbasierten Automatisierungstools wird diese Entwicklung in den nächsten Jahren massiv an Dynamik gewinnen. Was heute noch Pilotprojekt ist, wird morgen zum Branchenstandard. Wer dann noch manuell bucht, gerät ins Hintertreffen – fachlich wie wirtschaftlich.

KI-Systeme wie ChatGPT oder Microsoft Copilot übernehmen zunehmend die Rolle intelligenter Assistenten. Sie erstellen Textvorschläge, beantworten Fragen, analysieren Verträge oder prüfen steuerliche Risiken. In der Steuerberatung entstehen dadurch neue Beratungsansätze: Mandanten erwarten schnelle, präzise und digital unterstützte Antworten. Steuerberater: innen müssen daher lernen, KI nicht als Bedrohung zu sehen, sondern als Werkzeug – vergleichbar mit der Einführung des Taschenrechners oder der Kanzleissoftware. Zugleich entstehen neue Herausforderungen: Fragen der Haftung, der Datenethik, der Transparenz und des Umgangs mit Unsicherheit. Die Rolle des Menschen wandelt sich vom Informationsvermittler zum Interpretierenden, Erklärenden, Vertrauenschaffenden.

Der klassische „Erfüllungsgehilfe des Staates" – Pflichterklärer, Formulareinreicher, Fristeneinhalter – wird zunehmend vom System unterstützt. Doch genau dadurch entsteht Raum für neue Tätigkeitsfelder: Strategieberatung, betriebswirtschaftliche Analyse, Prozessoptimierung beim Mandanten, Vermögensstrukturierung. Die Nachfrage nach persönlicher Beratung steigt – nicht trotz, sondern wegen der Digitalisierung. Diese Entwicklung bedeutet aber auch: Kanzleien müssen sich strategisch neu ausrichten. Fachliche Exzellenz allein reicht nicht mehr. Gefragt sind unternehmerisches Denken, digitale Kompetenz und die Fähigkeit, komplexe Sachverhalte in einfache Sprache zu übersetzen.

Die Kanzlei der Zukunft ist nicht zwingend eine Kanzlei im klassischen Sinn. Plattformmodelle, Online-Beratung, Subscription-Angebote, hybride Teams und digitale Ökosysteme lösen traditionelle Strukturen zunehmend auf. Kanzleien, die sich frühzeitig mit alternativen Geschäftsmodellen beschäftigen, können neue Märkte erschließen – etwa durch standardisierte Beratungsprodukte im Onlineshop, durch skalierbare Services oder durch digitale Mitgliedschaftsmodelle mit kontinuierlicher Betreuung. Die Trennung zwischen Mandanten und Dienstleister verschwimmt dabei: Kollaboration auf Augenhöhe, transparente Kommunikation und digitale Schnittstellen schaffen eine neue Form der Zusammenarbeit.

Ein weiterer zentraler Treiber ist der Fachkräftemangel. Viele Kanzleien merken: Es wird nicht einfacher gut ausgebildetes Personal zu finden. Doch in dieser Herausforderung steckt auch eine Chance. Denn: Automatisierung ersetzt keine Menschen – sie entlastet sie. Kanzleien, die wiederkehrende Tätigkeiten digitalisieren, können ihre Teams dort einsetzen, wo menschliches Urteilsvermögen, Empathie und Kommunikation gefragt sind.

Zugleich wird die Kanzlei zum digitalen Arbeitsplatz. Flexibilität, Homeoffice, moderne Tools und eine wertschätzende Kultur werden zu zentralen Faktoren der Arbeitgeberattraktivität. Wer hier früh investiert, sichert sich einen Wettbewerbsvorteil – nicht nur gegenüber der Konkurrenz, sondern auch gegenüber der Steuerberatung als Berufsbild insgesamt.

Die Zukunft der Steuerberatung ist digital, vernetzt und beratungsorientiert. Kanzleien, die die technologischen Entwicklungen frühzeitig verstehen, strategisch nutzen und kulturell verankern, werden nicht nur überleben – sie werden wachsen. Der Schlüssel liegt nicht in der Technik allein, sondern in der Fähigkeit, Wandel zu gestalten. Trends sind keine Bedrohung – sondern Einladung zur Neupositionierung.

13.2 Wie sich Steuerberater positionieren müssen

Die digitale Transformation ist mehr als technischer Fortschritt – sie verändert das Selbstverständnis der Steuerberatung. In einer Zeit, in der Künstliche Intelligenz und Automatisierung immer mehr Standardaufgaben übernehmen, müssen sich Kanzleien strategisch neu positionieren. Der Steuerberater der Zukunft ist nicht mehr primär Erklärer vergangener Sachverhalte, sondern proaktiver Gestalter. Die Frage ist nicht, ob sich die Rolle verändert – sondern wie schnell und wie bewusst man diesen Wandel selbst mitgestaltet. Die klassische Rolle als Deklarationsdienstleister verliert an Gewicht – auch weil viele dieser Tätigkeiten zunehmend automatisiert oder durch digitale Schnittstellen mit Mandanten und Behörden effizienter abgebildet werden können. Der wahre Mehrwert entsteht in der vorausschauenden Beratung: bei der Liquiditätsplanung, der Strukturierung von Geschäftsmodellen, der Interpretation betriebswirtschaftlicher Auswertungen und der

Entwicklung von Strategien. Mandanten erwarten heute mehr als „nur“ Steuererklärungen. Sie wünschen sich einen verlässlichen Partner, der ihre Daten versteht, Muster erkennt und Handlungsempfehlungen gibt – möglichst in Echtzeit.

Genau hier entsteht mit Technologien wie Microsoft Fabric ein neues Spielfeld, das die Branche nachhaltig verändern wird: Fabric vereint verschiedenste Datenquellen – von Buchungssätzen bis zu unstrukturierten Dokumenten und anderen internen und externen Daten– in einer einzigen, intuitiv nutzbaren für KI zugänglichen Plattform. Steuerkanzleien können damit Daten nicht nur zentral verwalten, sondern auch gezielt veredeln, analysieren und für neue Geschäftsmodelle nutzen. Die sogenannte Medallion-Architektur in Microsoft Fabric – von Rohdaten („Bronze“) über bereinigte Daten („Silber“) bis hin zu analysefertigen Daten („Gold“) – ermöglicht eine schrittweise Aufbereitung von Kanzlei- und Mandantendaten. Diese veredelten „Gold“-Daten bilden die Grundlage für automatisierte Berichte, interaktive Dashboards, KI-gestützte Potenzialanalysen – und damit für eine neue Form der Wertschöpfung.

Ein praktisches Beispiel: Eine Kanzlei erstellt mit Power BI automatisierte Liquiditätsprognosen für ihre Mandanten – täglich aktualisiert, visuell aufbereitet und verständlich erklärt. Oder sie bietet branchenspezifische Benchmarking-Dashboards an, die anonymisierte Vergleichsdaten nutzen, um die eigene Geschäftsentwicklung einzuordnen. Diese Leistungen können über Self-Service-Portale wie Microsoft Power Pages direkt für Mandanten zugänglich gemacht – und gestaffelt monetarisiert werden.

Die systematische Analyse und Visualisierung von Daten eröffnet Kanzleien die Möglichkeit, zusätzliche Dienstleistungen zu entwickeln und als eigenständige Produkte zu vertreiben. Denkbar sind z. B.:

- Erweiterte Reporting-Pakete mit individuellen Szenarien und Prognosen
- Self-Service-Portale mit unterschiedlichen Zugangsmodellen
- KI-gestützte Beratungsprodukte, z. B. zur Kostenstruktur oder Steuerstrategie

Diese datenbasierten Zusatzangebote stärken nicht nur die Kundenbindung, sondern erschließen neue, skalierbare Erlösquellen – unabhängig vom klassischen Honorarmodell. Gleichzeitig differenzieren sich Kanzleien deutlich vom Wettbewerb.

Mit dem technischen Fortschritt steigen auch die Anforderungen an Sichtbarkeit und Kommunikation. Eine moderne Kanzlei zeigt Kompetenz nicht nur im Beratungsgespräch, sondern auch auf ihrer Website, in Portalen, in automatisierten E-Mails, Dashboards und digitalen Services. Wer jetzt damit beginnt, eine klare digitale Identität aufzubauen, wird als zukunftsorientierter Partner wahrgenommen – von Mandanten ebenso wie von neuen Mitarbeitenden.

Der Wandel verlangt mehr als steuerliches Fachwissen. Gefragt ist unternehmerisches Denken – auch in der eigenen Kanzleiführung. Welche Zielgruppe will ich ansprechen? Wie differenziere ich mein Angebot? Welche digitalen Services kann ich anbieten? Wie kann ich mein Geschäftsmodell skalieren? Fragen, die früher vielleicht „netter Luxus“ waren, sind heute zentral für Wachstum, Relevanz und Zukunftssicherheit.

Kanzleien, die ihre Daten aktiv nutzen und mit Tools wie z.B. Microsoft Fabric neue Geschäftsmodelle entwickeln, erweitern ihre Rolle vom Deklarierenden zum Gestaltenden. Sie beraten nicht mehr nur reaktiv, sondern liefern proaktiv Impulse – datenbasiert, visuell, verständlich. Die Positionierung der Zukunft verbindet Fachwissen, Technik und Unternehmertum – und macht die Steuerberatung zu einer echten strategischen Instanz im digitalen Ökosystem ihrer Mandanten.

13.3 Der Mensch im Mittelpunkt: Beratung vs. Automatisierung

Die digitale Transformation verändert nicht nur Prozesse, sondern vor allem die Rollen der Menschen in der Kanzlei. Während einfache, repetitive Tätigkeiten zunehmend von Automatisierung und KI übernommen werden, rückt der beratende, interpretierende und empathische Teil der Steuerberatung stärker in den Vordergrund. Die entscheidende Frage ist dabei nicht: Wird der Mensch durch KI ersetzt? – sondern: Wie verändert sich das Berufsbild, wenn KI und Mensch sinnvoll zusammenarbeiten?

In der Praxis zeigt sich, dass moderne KI-Systeme vor allem dort glänzen, wo es um Struktur, Wiederholung und Mustererkennung geht – etwa bei der Belegerkennung, der Buchhaltungsvorbereitung oder der ersten Analyse steuerlicher Risiken. Das verschafft wertvolle Zeitgewinne. Zeit, die Steuerberater dafür nutzen können, ihre Mandanten intensiver zu beraten, wirtschaftliche Zusammenhänge besser zu erklären oder individuelle Gestaltungsoptionen aufzuzeigen. Die Beziehung zwischen Kanzlei und Mandant wird dadurch nicht geschwächt – sie wird gestärkt.

Dieser Wandel bringt jedoch neue Anforderungen an die Mitarbeitenden mit sich. Die Rolle des Steuerfachangestellten verändert sich von der Datenerfassung hin zur Datenbewertung. Technisches Verständnis, analytisches Denken und Kommunikationskompetenz werden genauso wichtig wie Fachwissen im Steuerrecht. Das bedeutet: Die Kanzlei muss sich nicht nur technologisch weiterentwickeln – sie muss ihre Mitarbeitenden mitnehmen, befähigen und weiterbilden. Eine lernbereite und unterstützende Kanzleikultur ist dabei dringend notwendig.

Gleichzeitig muss der Mensch auch die Kontrolle über die Technologie behalten. Entscheidungen, die rechtliche oder wirtschaftliche Tragweite haben, dürfen nicht unreflektiert an Algorithmen delegiert werden. Die Verantwortung bleibt beim Menschen – auch wenn KI als Entscheidungshilfe dient. Deshalb ist es zentral, dass Kanzleien nicht nur in Technik investieren, sondern auch in Kompetenzen: in Weiterbildung, digitale Ethik, Fehlerkultur und klare Richtlinien für den Einsatz von Automatisierung und KI.

Ein weiterer Schlüsselfaktor ist der Umgang mit Fehlern. Gerade in der Anfangsphase des KI-Einsatzes wird nicht alles reibungslos laufen. Systeme liefern fehlerhafte Vorschläge, Mitarbeitende interpretieren Ergebnisse falsch oder überlassen der KI zu viel. Eine konstruktive Fehlerkultur ist daher kein „Soft Skill", sondern eine strategische Notwendigkeit. Fehler müssen offen angesprochen, systematisch analysiert und als Lernchancen verstanden werden. Nur so kann sich ein echtes Zusammenspiel zwischen Mensch und Maschine entwickeln.

Letztendlich steht fest: Die digitale Transformation ist kein Ersatz des Menschen, sondern eine Einladung zur Neudefinition seiner Rolle. Die Steuerberatung der Zukunft wird dann besonders erfolgreich sein, wenn sie das Beste aus beiden Welten vereint – die Präzision der Technologie und das Urteilsvermögen, die Empathie und die Beratungskompetenz des Menschen.

14 Fazit und Handlungsempfehlung

Digitalisierung, Automatisierung und Künstliche Intelligenz verändern die Arbeitsweise in Kanzleien tiefgreifend. Was als technisches Thema begann, ist längst zu einer Frage der Haltung, der Positionierung und der Führung geworden.

Dieses Buch hat gezeigt: Die digitale Transformation ist weder Selbstzweck noch Bedrohung. Sie ist eine Chance – für mehr Effizienz, bessere Mandantenbeziehungen, attraktive Arbeitsplätze und neue Geschäftsmodelle. Wer diese Entwicklung aktiv gestaltet, kann seine Kanzlei nicht nur stabilisieren, sondern strategisch neu ausrichten und zukunftssicher aufstellen.

14.1 Zusammenfassung der wichtigsten Erkenntnisse

Die digitale Kanzlei beginnt nicht mit der Software, sondern mit dem Verständnis für Prozesse. Erst wer seine Abläufe kennt, kann sie automatisieren. Automatisierung ist dabei mehr als Technik – sie ist der Schlüssel zur Skalierbarkeit und zur Konzentration auf das Wesentliche: die persönliche Beratung. Künstliche Intelligenz hat längst Einzug in die Steuerberatung gehalten. Ob in der Texterstellung, der Belegerkennung oder der Auswertung von Finanzdaten – KI-Systeme unterstützen, beschleunigen und eröffnen neue Perspektiven. Doch sie ersetzen keine Menschen.

Sie verschieben Aufgaben – von der reinen Bearbeitung hin zur Interpretation, zur Gestaltung, zur Kommunikation.

Die Einführung von Microsoft 365, Azure, Fabric und der Power Platform zeigt exemplarisch, wie moderne Technologien in den Kanzleialltag integriert werden können. Sie ermöglichen Cloud-Zusammenarbeit, Datenvernetzung, Automatisierung und datengestützte Beratung – und schaffen damit die Infrastruktur für eine neue Art des Arbeitens. Daten entwickeln sich dabei vom Mittel zum Zweck. Sie werden damit zur strategischen Ressource. Wer sie richtig erschließt, visualisiert und nutzt, kann seine Mandanten nicht nur betreuen, sondern proaktiv begleiten – mit Echtzeit-Insights, individuellen Prognosen und digitalen Services, die über das Erwartbare hinausgehen.

Doch Technik allein reicht nicht. Ohne die Menschen in der Kanzlei gelingt kein Wandel. Erfolgreiche digitale Transformation bedeutet, Mitarbeitende mitzunehmen, zu befähigen und in ihrer Rolle zu stärken. Es braucht Innovationskultur, Fehlerkultur, Lernbereitschaft – und vor allem: klare Führung.

Die Kanzlei der Zukunft ist nicht nur effizienter – sie ist anders. Sie ist hybrid, vernetzt, datengetrieben und beratungsstark. Sie kennt ihre Zielgruppe, nutzt ihre Stärken und kommuniziert klar. Sie entwickelt sich ständig weiter – iterativ, strategisch, menschlich.

14.2 Praktische Umsetzungstipps und Zukunftsaussichten

Die gute Nachricht: Es ist nie zu spät. Digitalisierung ist kein Wettbewerb der Geschwindigkeit, sondern der Klarheit. Nicht wer am meisten Software einführt, gewinnt – sondern wer sie sinnvoll, strukturiert und wirksam nutzt. Deshalb gilt:

Starte klein – aber starte.

Ob ein automatisierter E-Mail-Flow mit Power Automate, ein erster Power BI-Bericht oder ein digitaler Mandanten-Onboarding-Prozess in SharePoint: Jede Digitalisierung beginnt mit einem konkreten Anwendungsfall. Der Schlüssel liegt im Tun.

Nutze deine Daten – wirklich.

Mit Microsoft Fabric, Power BI und Copilot stehen heute Werkzeuge bereit, die aus Daten Erkenntnisse machen. Nicht nur für die Kanzlei – sondern direkt für Mandanten. Ob Echtzeit-Reporting, individuelle Dashboards oder KI-gestützte Hinweise auf steuerliche Risiken: Beratung wird digital sichtbar.

Baue digitale Erlebnisse.

Eine moderne Kanzlei ist auch eine digitale Marke. Power Pages, Portale, interaktive Inhalte – alles das trägt dazu bei, Vertrauen zu schaffen, Transparenz zu fördern und die Mandantenbeziehung auf ein neues Level zu heben. Kommunikation ist heute Design.

Investiere in Menschen.

Technologie nützt nichts, wenn niemand sie versteht oder sinnvoll einsetzt. Schulungen, digitale Fitness, interne Kommunikation, Rollenklärung – all das sind Führungsaufgaben. Wer hier investiert, baut langfristige Stabilität auf.

Denke wie ein Produktentwickler.

Deine Kanzlei ist kein starres Gebilde, sondern ein lebendiges System. Überlege: Welche Leistungen schaffst du? Für wen? Wie skalierbar sind sie? Wie kannst du Feedback integrieren? Wie entwickelt sich deine Dienstleistung weiter? Digitalisierung ist Iteration – kein Endzustand.

Blicke nach vorn.

Die nächste Welle kommt. Sprache wird zur Schnittstelle, KI zur Selbstverständlichkeit, Daten zur Entscheidungsgrundlage. Wer heute Strukturen schafft, wird morgen gestalten – nicht reagieren. Die Steuerberatung als Beruf wird sich weiter verändern. Doch die Chance war nie größer, diesen Wandel aktiv zu prägen.

Abschließender Gedanke:

Die beste Technologie ersetzt keine Haltung. Es braucht Mut, Neugier und ein echtes Verständnis für den eigenen Wert als Berater. Technik ist der Hebel – aber der Mensch bleibt das Zentrum. Genau hier liegt die große Chance für alle, die bereit sind, sich auf den Weg zu machen.

Gehen Sie mutig voran. Die Zukunft Ihrer Kanzlei beginnt heute. Ich wünsche Ihnen viel Erfolg auf Ihrer digitalen Reise.

Ihr Alexander Hassenpflug

www.ingramcontent.com/pod-product-compliance
Lightning Source LLC
LaVergne TN
LVHW051014051026
849532LV00004BA/1212